Die besten Rezepte für die

TAJINE

Séverine Augé

Die besten Rezepte für die TAJINE

Fotos von
Charly Deslandes

Übersetzung: Lisa Heilig

INHALT

SALZ + PFEFFER

Fleisch

Geflügel

Fisch

Meeresfrüchte

Gemüse

Obst

Gut zu wissen

Tajine (auch Tagine) ist sowohl die Bezeichnung für ein traditionelles nordafrikanisches Schmorgericht als auch für das Kochgerät.

Wenn Sie befürchten, eine Tajine bräuchte einen halben Tag Vor- und Zubereitungszeit und viele exotische Zutaten, kann ich Sie beruhigen. Wenn das Fleisch einmal in kleine Stücke geschnitten und der Vorratsschrank um die ein oder andere Gewürzmischung erweitert wurde, brauchen Sie für die Zubereitung nicht länger als für einen Eintopf.

Das traditionelle Kochgefäß Tajine hat einen kegelförmigen Deckel und besteht vorzugsweise aus Ton, sodass es sowohl auf einem Gasherd als auch im Backofen verwendet werden kann. Mittlerweile gibt es auch gute Tajines aus Gusseisen, die für Glaskeramik- und auch Induktionsherde geeignet sind.

Die besondere Form einer Tajine sorgt dafür, dass die Schmorflüssigkeit am kegelförmigen Deckel kondensiert. Auf diese Weise wird das Gargut kontinuierlich und gleichmäßig mit Flüssigkeit benetzt, bleibt schön saftig und aromatisch. Wenn Sie sich nicht extra eine Tajine zulegen wollen, verwenden Sie einfach einen hochwertigen größeren Schmortopf mit gut schließendem Deckel.

Auch wenn die Zubereitung einer Tajine eine gewisse Zeit in Anspruch nimmt, ist sie unkompliziert. Erst werden die Hauptzutaten einzeln oder zusammen in etwas Olivenöl angebraten, mit einer Flüssigkeit abgelöscht und dann miteinander geschmort, bis alles perfekt gegart ist. Man hat also genügend Zeit, sich um anderes zu kümmern.

Tajines sind kinderleicht!

RINDFLEISCH-TAJINE mit Gemüse

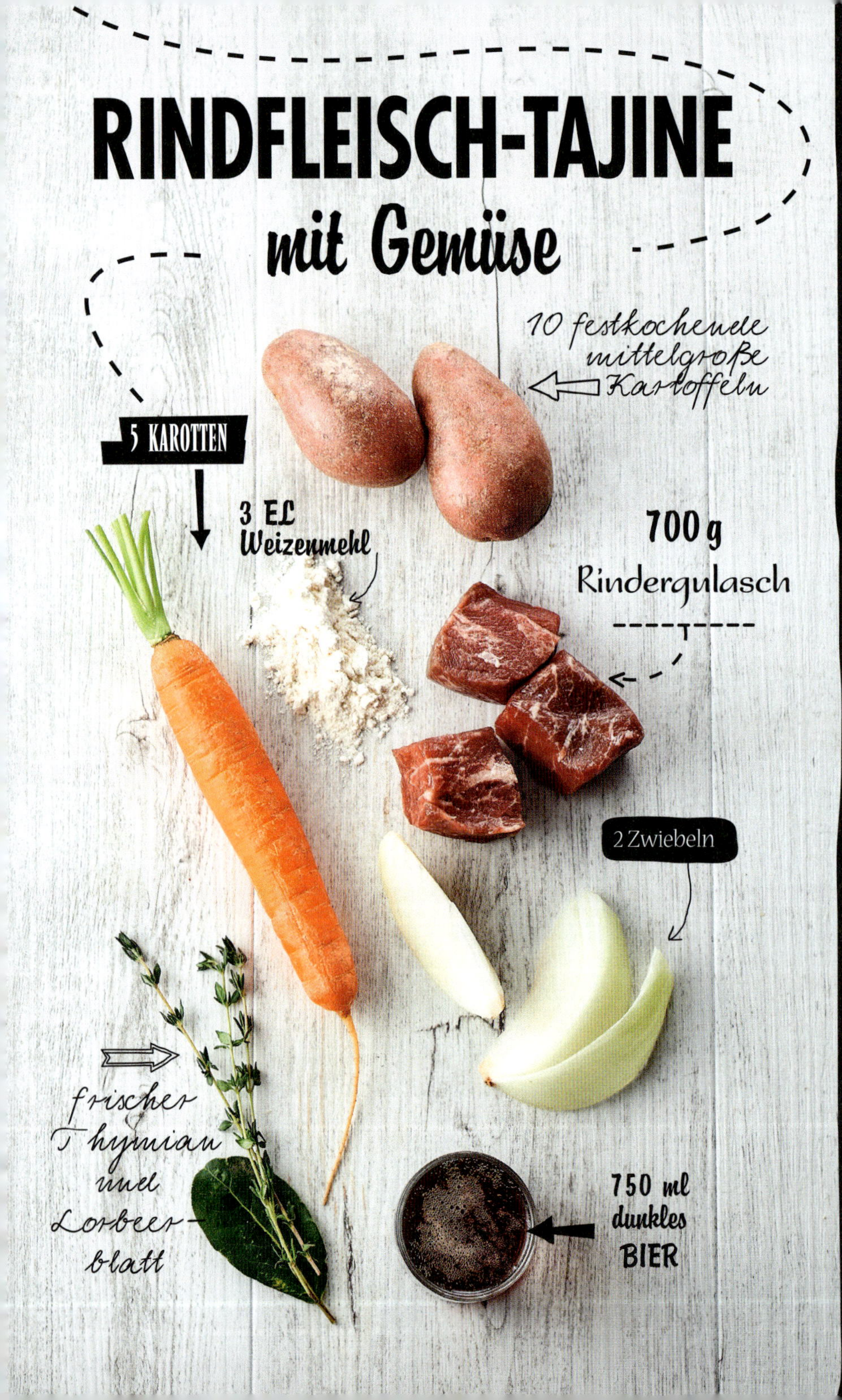
10 festkochende mittelgroße Kartoffeln
5 KAROTTEN
3 EL Weizenmehl
700 g Rindergulasch
2 Zwiebeln
frischer Thymian und Lorbeerblatt
750 ml dunkles BIER

DAS REZEPT

1 Die Karotten schälen und in große Stücke schneiden. Die Zwiebeln abziehen und in Spalten schneiden. Die Kartoffeln mit Schale gut waschen.

2 2 EL Olivenöl in einer Tajine oder in einem Schmortopf erhitzen. Zwiebeln und Karotten darin anbräunen. Auf einen Teller heben. Nun das Rindfleisch im heißen Fett rundum anbräunen. Mit dem Mehl bestäuben. Thymian und Lorbeerblatt zugeben. Mit dem Bier ablöschen und so viel heißes Salzwasser zugießen, dass die Zutaten bedeckt sind.

3 Mit aufgesetztem Deckel 2 Stunden bei niedriger Hitze schmoren. Kartoffeln, Karotten und Zwiebeln unterheben und weitere 30 Minuten schmoren. Mit Salz abschmecken und heiß servieren.

FÜR 4 PERSONEN

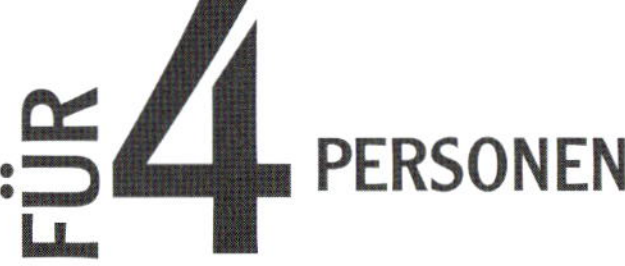

VORBEREITEN: 5 MIN.
GAREN: 2 STD. 40 MIN.

Mit einem Brühwürfel schmeckt's noch besser!

DAS REZEPT

1 Die Schalotten längs halbieren. Den Kürbis in Würfel schneiden. Den Honigkuchen zerkleinern.

2 2 EL Olivenöl in einer Tajine oder in einem Schmortopf erhitzen. Schalotten und Kürbis darin anbräunen. Auf einen Teller heben. Nun das Rindfleisch im heißen Fett rundum anbräunen. Gewürze und Honigkuchen zugeben. Mit dem Bier ablöschen und so viel heißes Salzwasser zugießen, dass die Zutaten bedeckt sind.

3 Mit aufgesetztem Deckel 2 Stunden bei mittlerer Hitze schmoren. Die Gemüsestücke unterheben und weitere 30 Minuten garen. Mit Salz abschmecken und heiß servieren.

FÜR 4 PERSONEN

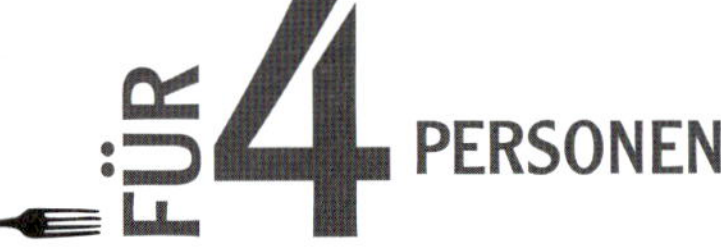

VORBEREITEN: 10 MIN.
GAREN: 2 STD. 40 MIN.

RINDFLEISCH-TAJINE mit Kürbis und Honigkuchen

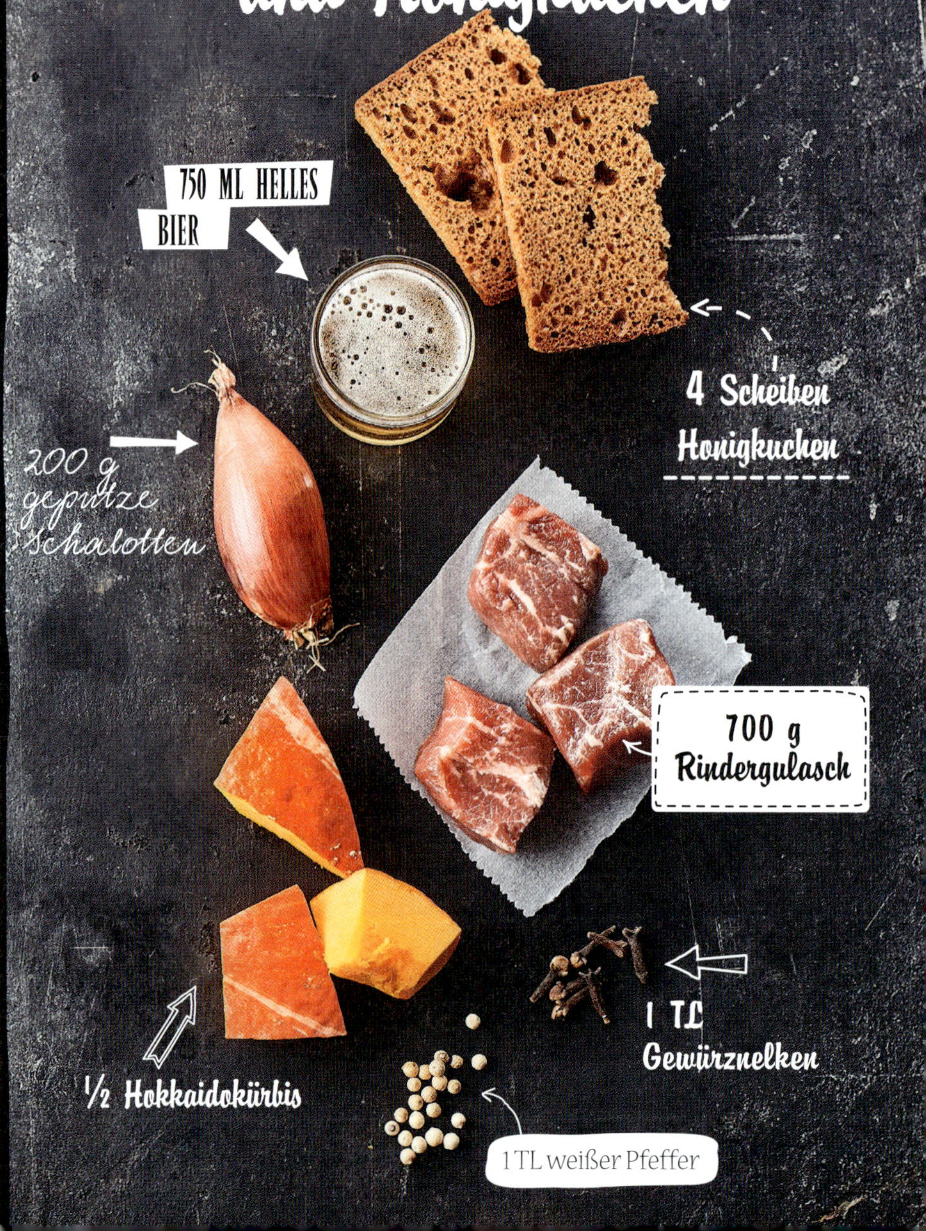

750 ML HELLES BIER
4 Scheiben Honigkuchen
200 g geputzte Schalotten
700 g Rindergulasch
1 TL Gewürznelken
½ Hokkaidokürbis
1 TL weißer Pfeffer

EIN HERRLICHES
Winter-Wohlfühlessen!

RINDFLEISCH-TAJINE

arabisch

2 EL Ras el-Hanout

2 frische CHILISCHOTEN

30 g Mandeln

1 Aubergine

700 G RINDERGULASCH

2 ZWIEBELN

3 Zucchini

20 g geschälte Ingwerwurzel

1 Aubergine und Zucchini in mundgerechte Stücke schneiden. Die Zwiebeln abziehen und in Spalten schneiden. Den Ingwer in feine Scheiben schneiden.

2 2 EL Olivenöl in einer Tajine oder in einem Schmortopf erhitzen. Aubergine, Zucchini und Zwiebeln darin anbräunen. Auf einen Teller heben. Nun das Rindfleisch im heißen Fett rundum anbräunen. Mit dem Ras el-Hanout bestäuben. Mandeln, Chilischoten und Ingwer zufügen. So viel heißes Salzwasser zugießen, dass alle Zutaten bedeckt sind.

3 Mit aufgesetztem Deckel 2 Stunden bei mittlerer Hitze schmoren. Das Gemüse unterheben und weitere 30 Minuten garen. Mit Salz abschmecken und heiß servieren.

FÜR 4 PERSONEN

VORBEREITEN: 15 MIN.
GAREN: 2 STD. 40 MIN.

Eine
KULINARISCHE Reise

RINDFLEISCH-TAJINE
mit Pastinake

4 Pastinaken

1 kleine Muskatnuss

700 g Rindergulasch

30 g Walnusskerne

1 EL Kalbsfond

200 g ausgelöste Erbsen

400 ml Weißwein

DAS REZEPT

1 Die Pastinaken schälen und in große Stücke schneiden. Die Muskatnuss reiben.

2 2 EL Olivenöl in einer Tajine oder in einem Schmortopf erhitzen. Die Pastinaken darin anbräunen. Auf einen Teller heben. Nun das Rindfleisch im heißen Fett rundum anbräunen. Mit der Muskatnuss bestäuben und die Walnusskerne zugeben. Mit dem Kalbsfond ablöschen und den Weißwein zugießen. Die beiseitegelegten Pastinaken wieder zufügen. So viel heißes Salzwasser zugießen, dass die Zutaten bedeckt sind.

3 Mit aufgesetztem Deckel 2½ Stunden bei mittlerer Hitze schmoren. Die Erbsen unterheben und weitere 15 Minuten garen. Mit Salz abschmecken und heiß servieren.

PERSONEN

VORBEREITEN: 10 MIN.
GAREN: 2 STD. 55 MIN.

Eine KÖSTLICHE
Kombination!

FLEISCHBÄLLCHEN-TAJINE
in Tomatensauce

125 g RICOTTA

700 G RINDERHACKFLEISCH

100 g altbackenes BROT

500 ml passierte Tomaten

½ Bund Basilikum

SALZ + PFEFFER

1 Das Brot in Wasser einweichen und ausdrücken. Die Basilikumblätter von den Stängeln zupfen. Einige Blätter für die Garnierung beiseitelegen, die restlichen hacken.

2 Das Hackfleisch mit gehacktem Basilikum und Ricotta vermengen. Das ausgedrückte Brot einarbeiten. Alles großzügig salzen und pfeffern. Die Masse zu Bällchen formen. 2 EL Olivenöl in einer Tajine oder in einem Schmortopf erhitzen. Die Fleischbällchen darin rundum anbräunen. Passierte Tomaten und etwas Wasser zugießen.

3 Mit aufgesetztem Deckel 30 Minuten bei mittlerer Hitze schmoren. Mit Salz abschmecken und mit frischem Basilikum garniert servieren.

FÜR **4** PERSONEN

VORBEREITEN: 30 MIN.
GAREN: 40 MIN.

Da TEILT man gerne!

KALBFLEISCH-TAJINE
mit Birnen und Trauben

700 g Kalbsgulasch

4 Birnen

50 g weiße und blaue Trauben

500 ml Apfelsaft

50 g BUTTER

2 GROSSE ZWIEBELN

1 EL VIERGEWÜRZ (Mischung aus Pfeffer, Ingwer, Muskat und Nelke)

1 Die Birnen vierteln und die Kerngehäuse herausschneiden. Die Zwiebeln abziehen und in Spalten schneiden. Die Butter würfeln.

2 Den Backofen auf 180 °C vorheizen. 2 EL Olivenöl in einer Tajine oder in einem Schmortopf erhitzen. Das Kalbfleisch darin anbräunen. Auf einen Teller heben. Nun Zwiebeln und Birnen im heißen Fett anbräunen. Die Fleischwürfel wieder in den Topf geben.

3 Butter und Viergewürz zugeben. Mit dem Apfelsaft ablöschen. So viel heißes Salzwasser zugießen, dass die Zutaten bedeckt sind.

4 Mit Deckel 1¼ Stunden im Ofen schmoren. Mit den Trauben garniert servieren.

FÜR 4 PERSONEN

VORBEREITEN: 10 MIN.
GAREN: 1 STD. 30 MIN.

Super
ZART

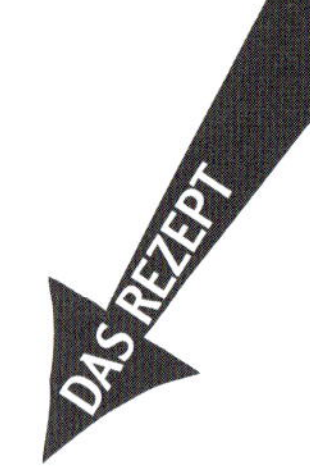

KALBFLEISCH-TAJINE
mit Frühlingsgemüse

DAS REZEPT

1 Die Karotten bei Bedarf schälen und in große Stücke schneiden. Die Zuckerschoten putzen. Die Frühlingszwiebeln längs halbieren.

2 2 EL Olivenöl in einer Tajine oder in einem Schmortopf erhitzen. Das Kalbfleisch darin rundum anbräunen. Die Karotten zugeben und 5 Minuten mitbraten. Mit dem Weißwein ablöschen. So viel Salzwasser zugießen, dass die Zutaten bedeckt sind.

3 Mit aufgesetztem Deckel 45 Minuten bei mittlerer Hitze schmoren. Die Kartoffeln unterheben und weitere 15 Minuten garen.

4 Zwiebeln und Zuckerschoten unterheben und 15 Minuten schmoren. Die Tajine mit Salz abschmecken und mit dem Schnittlauch garniert servieren.

FÜR 4 PERSONEN

VORBEREITEN: 10 MIN.
GAREN: 1 STD. 25 MIN.

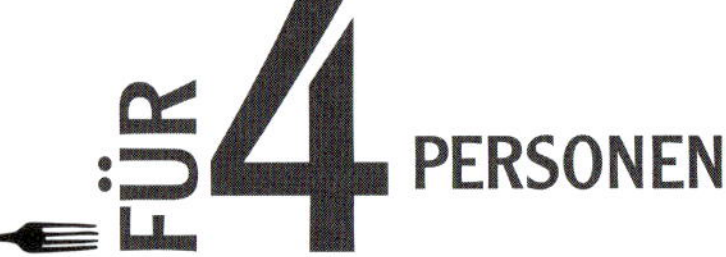

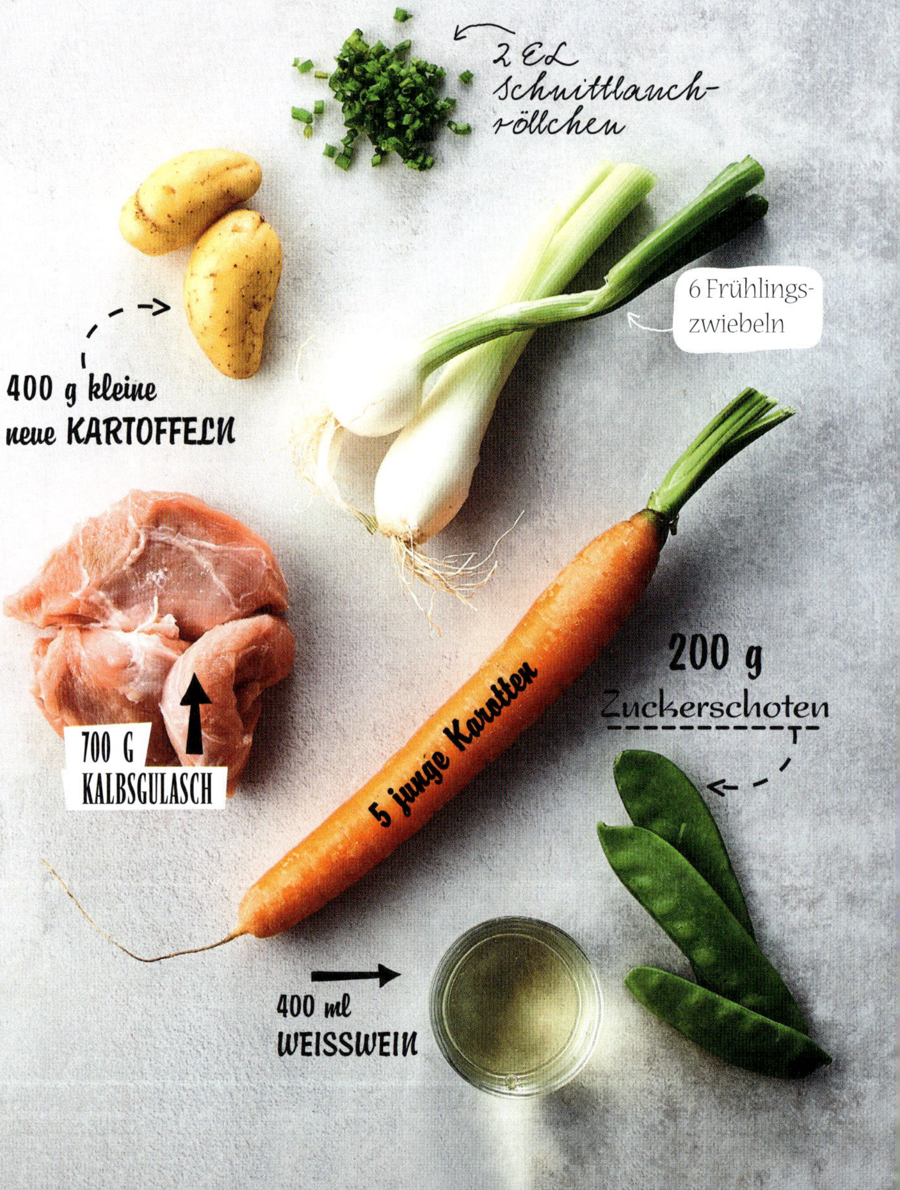
2 EL Schnittlauchröllchen
6 Frühlingszwiebeln
400 g kleine neue KARTOFFELN
700 G KALBSGULASCH
5 junge Karotten
200 g Zuckerschoten
400 ml WEISSWEIN

Schmeckt auch mit BABYKAROTTEN.

KALBFLEISCH-TAJINE

mit Quitten

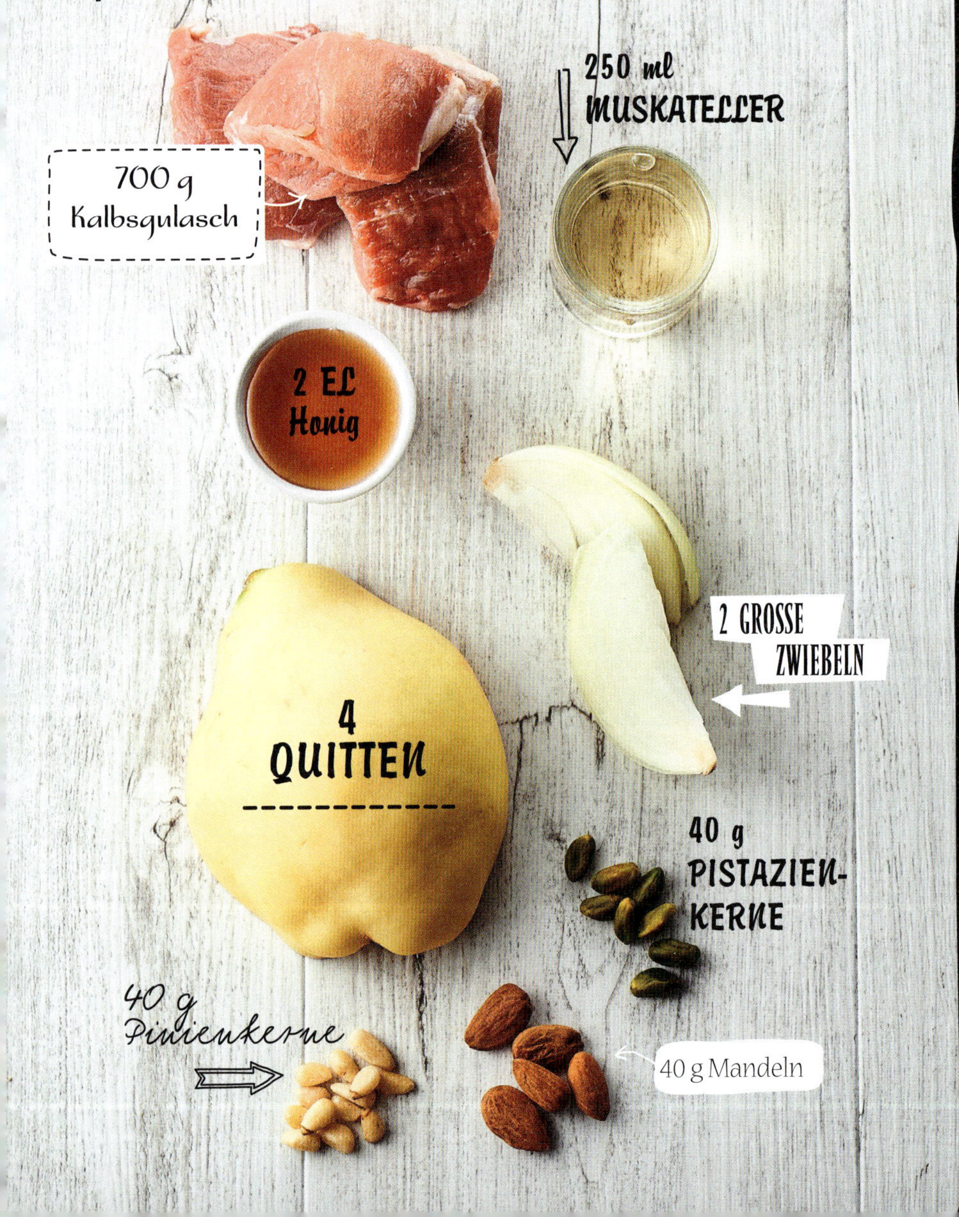
700 g Kalbsgulasch
250 ml MUSKATELLER
2 EL Honig
2 GROSSE ZWIEBELN
4 QUITTEN
40 g PISTAZIENKERNE
40 g Pinienkerne
40 g Mandeln

DAS REZEPT

1 Die Quitten abreiben, in Spalten schneiden und die Kerngehäuse herausschneiden. Die Zwiebeln abziehen und in Spalten schneiden.

2 Den Backofen auf 150 °C vorheizen. 2 EL Olivenöl in einer Tajine oder in einem Schmortopf erhitzen. Das Kalbfleisch darin rundum anbräunen. Auf einen Teller heben. Nun Quitten und Zwiebeln im heißen Fett rundum anbräunen. Die Fleischstücke wieder in den Topf geben. Nüsse und Honig zufügen. Mit dem Weißwein ablöschen und so viel Salzwasser zugießen, dass die Zutaten bedeckt sind.

3 Mit aufgesetztem Deckel 1 Stunde 40 Minuten im vorgeheizten Ofen schmoren. Mit Salz abschmecken und heiß servieren.

FÜR 4 PERSONEN

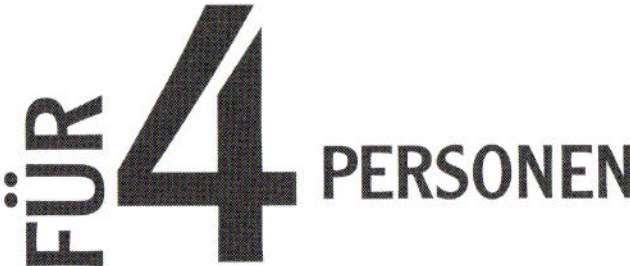

VORBEREITEN: 15 MIN.
GAREN: 1 STD. 50 MIN.

Nur wenn's
FRISCHE QUITTEN
gibt.

LAMM-TAJINE

mit Aprikosen

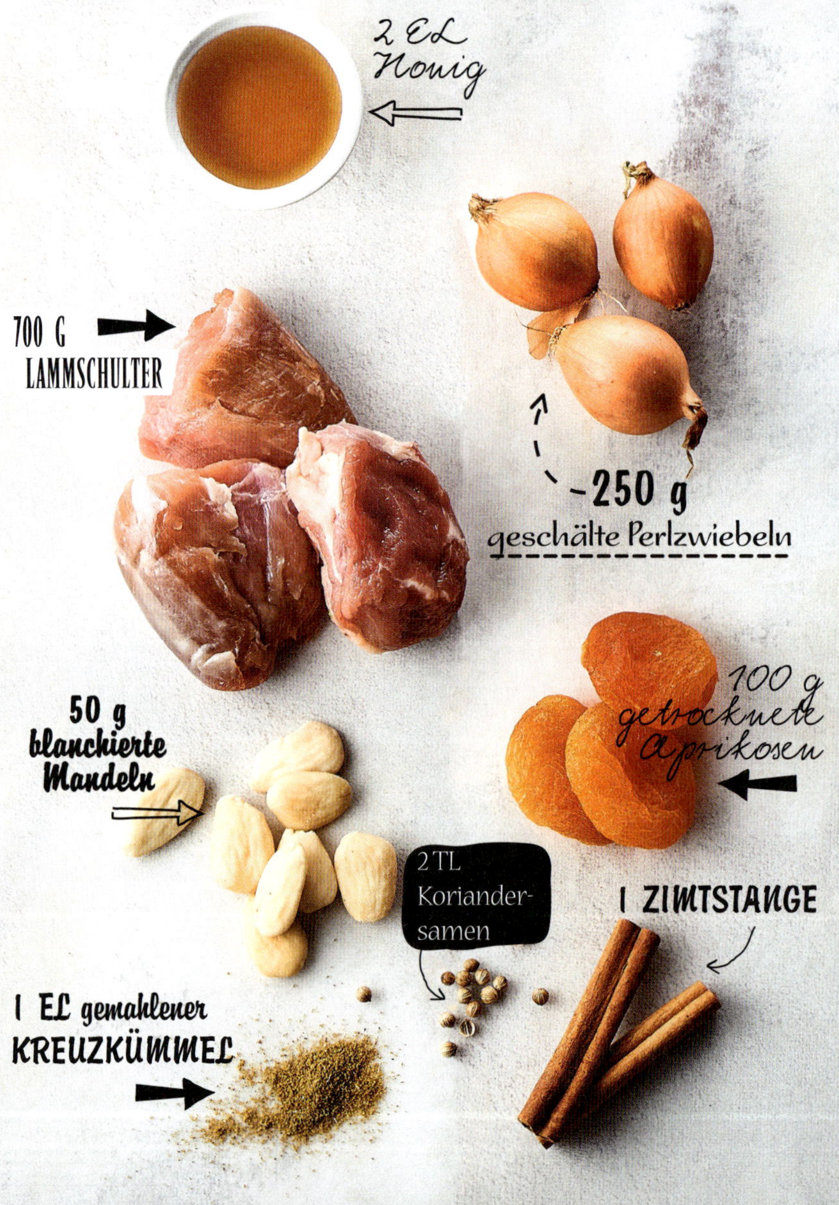

2 EL Honig
700 G LAMMSCHULTER
250 g geschälte Perlzwiebeln
50 g blanchierte Mandeln
100 g getrocknete Aprikosen
2 TL Koriandersamen
1 ZIMTSTANGE
1 EL gemahlener KREUZKÜMMEL

DAS REZEPT

1 Das Lammfleisch in große Würfel schneiden.

2 2 EL Olivenöl in einer Tajine oder in einem Schmortopf erhitzen. Das Lammfleisch darin rundum anbräunen. Die Zwiebeln zugeben und 5 Minuten mitbraten. Honig, Gewürze und Mandeln untermischen. So viel Salzwasser zugießen, dass die Zutaten bedeckt sind.

3 Mit aufgesetztem Deckel 1½ Stunden bei niedriger Hitze schmoren. Die Aprikosen unterheben und weitere 5 Minuten garen. Mit Salz abschmecken und heiß servieren.

FÜR 4 PERSONEN

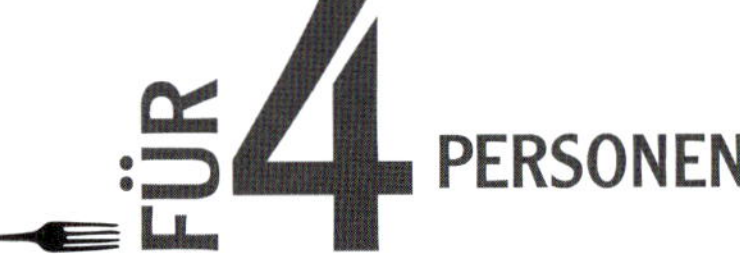

VORBEREITEN: 10 MIN.
GAREN: 1 STD. 50 MIN.

Für alle, die es
SALZIGSÜSS mögen.

LAMM-TAJINE
mit Erbsen und Minze

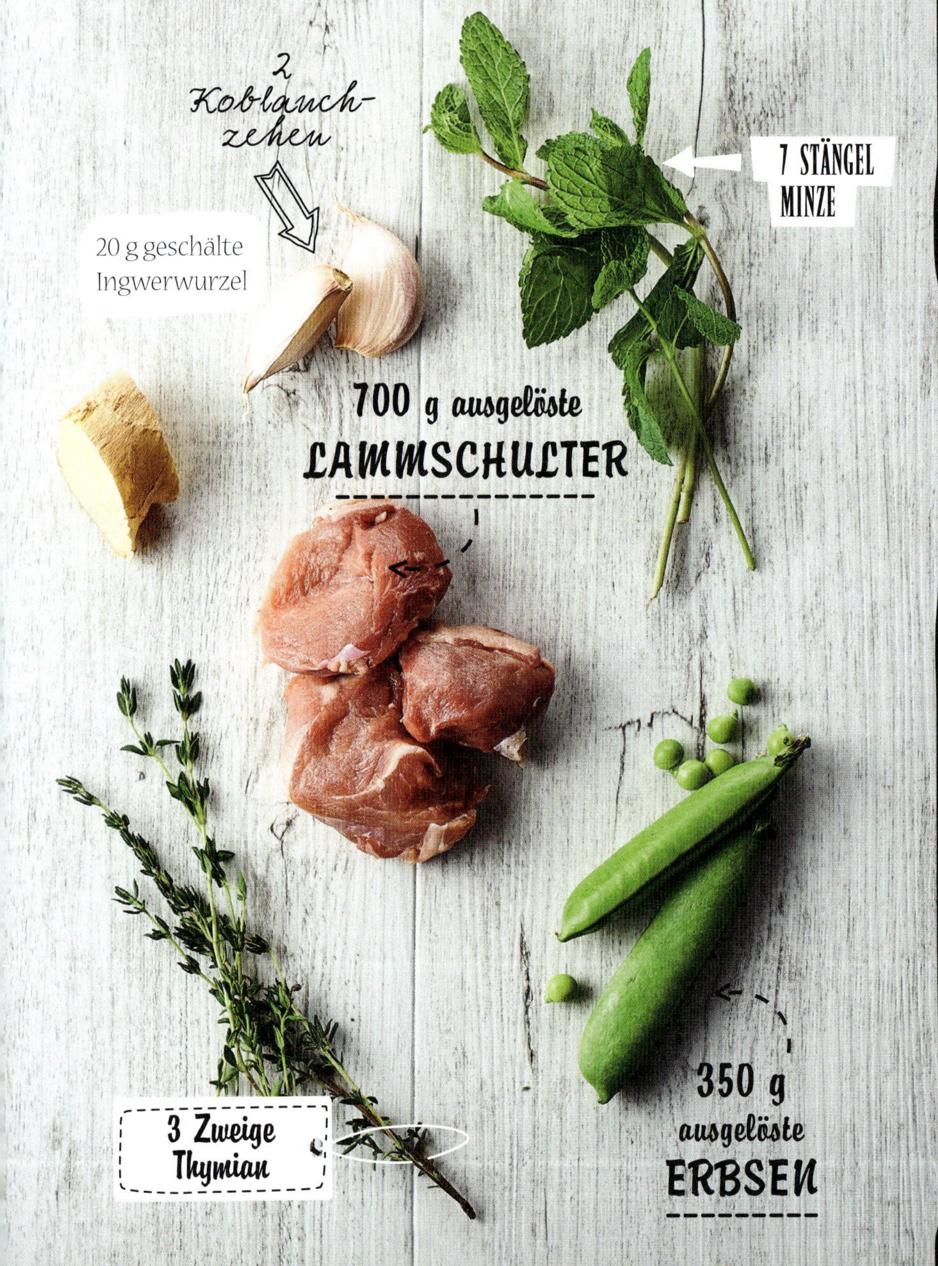
2 Koblauch-zehen
20 g geschälte Ingwerwurzel
7 STÄNGEL MINZE
700 g ausgelöste LAMMSCHULTER
3 Zweige Thymian
350 g ausgelöste ERBSEN

DAS REZEPT

1 Das Lammfleisch in große Würfel schneiden. Die Knoblauchzehen abziehen und zerdrücken. Den Ingwer in feine Scheiben schneiden. Die Minzeblätter von den Stängeln zupfen und hacken.

2 2 EL Olivenöl in einer Tajine oder in einem Schmortopf erhitzen. Das Lammfleisch darin rundum anbräunen. Knoblauch, Ingwer, Thymian und die Hälfte der Minze untermischen. So viel Salzwasser zugießen, dass die Zutaten bedeckt sind.

3 Mit aufgesetztem Deckel 1¼ Stunden bei niedriger Hitze schmoren. Dabei regelmäßig den Stand der Schmorflüssigkeit prüfen. Die Erbsen unterheben und weitere 15 Minuten garen. Mit Salz abschmecken und mit der restlichen Minze garniert servieren.

FÜR 4 PERSONEN

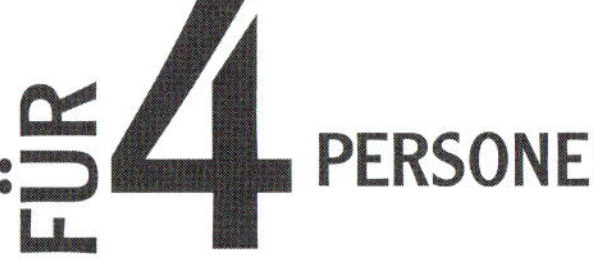

VORBEREITEN: 15 MIN.
GAREN: 1 STD. 40 MIN.

Schmeckt herrlich frisch!

FLEISCHBÄLLCHEN-TAJINE

mit weißen Bohnen

300 G WEISSE BOHNEN AUS DER DOSE (ABTROPFGEWICHT)

600 g MERGUEZ-METT (von etwa 12 Würsten)

(Merguez ist eine scharf gewürzte Bratwurst)

3 Frühlingszwiebeln

3 rote Paprikaschoten

3 Knoblauchzehen

1 frischer Thymianzweig

DAS REZEPT

1 Die Bohnen abspülen und abtropfen lassen. Die Paprika in mundgerechte Stücke schneiden. Den Knoblauch abziehen und hacken.

2 Das Mett zu ungefähr 24 Bällchen formen. 2 EL Olivenöl in einer Tajine oder in einem Schmortopf erhitzen und die Fleischbällchen darin rundum anbräunen. Knoblauch und Paprika zugeben und 5 Minuten mitbraten. Bohnen und Thymian unterheben. Mit so viel heißem Salzwasser ablöschen, dass die Zutaten bedeckt sind.

3 Mit aufgesetztem Deckel 30 Minuten bei mittlerer Hitze schmoren. Die Frühlingszwiebeln hacken und als Garnierung für die Tajine verwenden. Mit Salz abschmecken und heiß servieren.

VORBEREITEN: 30 MIN.
GAREN: 45 MIN.

Schmeckt auch
mit Kichererbsen
statt Bohnen!

HÄHNCHEN-TAJINE
mit Oliven

3 Knoblauchzehen

50 g PINIENKERNE

1 Stängel glatte Petersilie

80 g violette Oliven

80 G GRÜNE OLIVEN

2 EL Ras el-Hanout

4 ganze HÄHNCHENKEULEN

1 Die Hähnchenkeulen in Ober- und Unterkeule zerlegen. Den Knoblauch abziehen und hacken. Die Petersilie hacken.

2 2 EL Olivenöl in einer Tajine oder in einem Schmortopf erhitzen. Die Fleischstücke darin von allen Seiten anbräunen. Knoblauch, Petersilie, Ras el-Hanout und Pinienkerne zugeben. Mit so viel Salzwasser ablöschen, dass die Zutaten bedeckt sind.

3 Mit aufgesetztem Deckel 35 Minuten bei niedriger Hitze schmoren. Die Oliven unterheben und weitere 10 Minuten garen.

VORBEREITEN: 15 MIN.
GAREN: 55 MIN.

Mit einem
Hühnerbrühwürfel
in der Schmorflüssigkeit
schmeckt's noch besser!

HÄHNCHEN-TAJINE
mit Kürbis und Granatapfel

DAS REZEPT

1 Die Hähnchenkeulen in Ober- und Unterschenkel zerlegen. Den Kürbis schälen und in mundgerechte Würfel schneiden.

2 2 EL Olivenöl in einer Tajine oder in einem Schmortopf erhitzen. Die Fleischstücke darin von allen Seiten anbräunen. Auf einen Teller heben. Nun den Kürbis mit dem Honig im heißen Fett braten. Auf einen zweiten Teller heben.

3 Die Fleischstücke wieder in den Topf geben. Die Gewürze zufügen und so viel Salzwasser zugießen, dass die Zutaten bedeckt sind.

4 Mit aufgesetztem Deckel 30 Minuten bei mittlerer Hitze schmoren. Die Kürbisstücke unterheben und weitere 15 Minuten garen. Die Kerne aus dem Granatapfel lösen und den Koriander hacken. Beides als Garnierung für die Tajine verwenden.

FÜR 4 PERSONEN

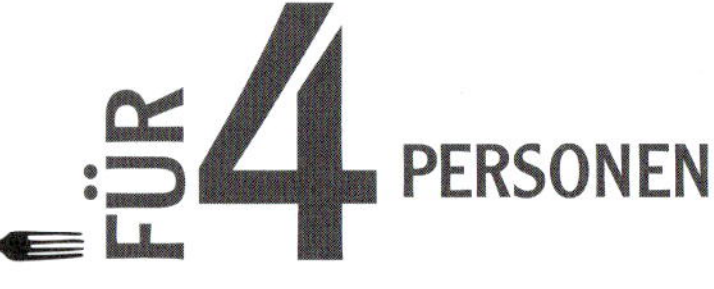

VORBEREITEN: 30 MIN.
GAREN: 55 MIN.

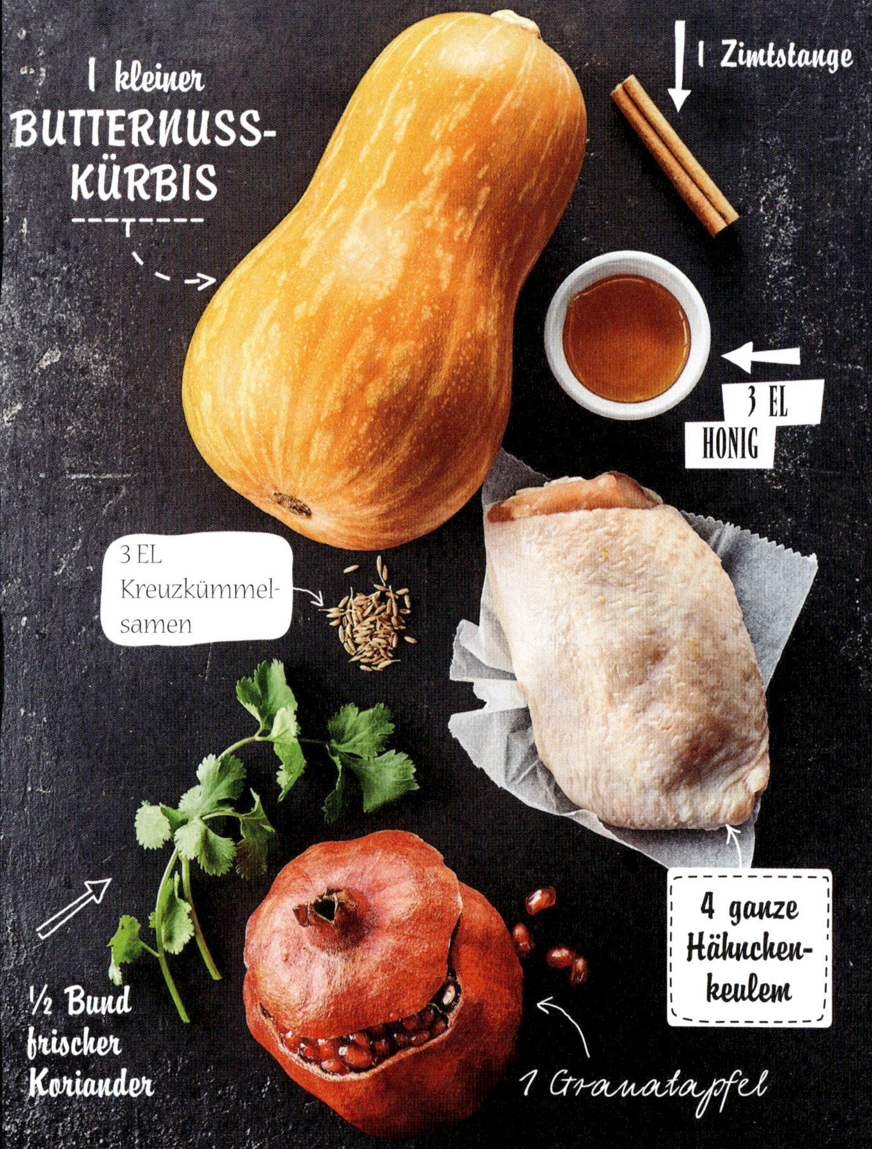
1 kleiner BUTTERNUSS-KÜRBIS
1 Zimtstange
3 EL HONIG
3 EL Kreuzkümmelsamen
4 ganze Hähnchenkeulem
½ Bund frischer Koriander
1 Granatapfel

MACHT SÜCHTIG!

HÄHNCHEN-TAJINE mit Pflaumen

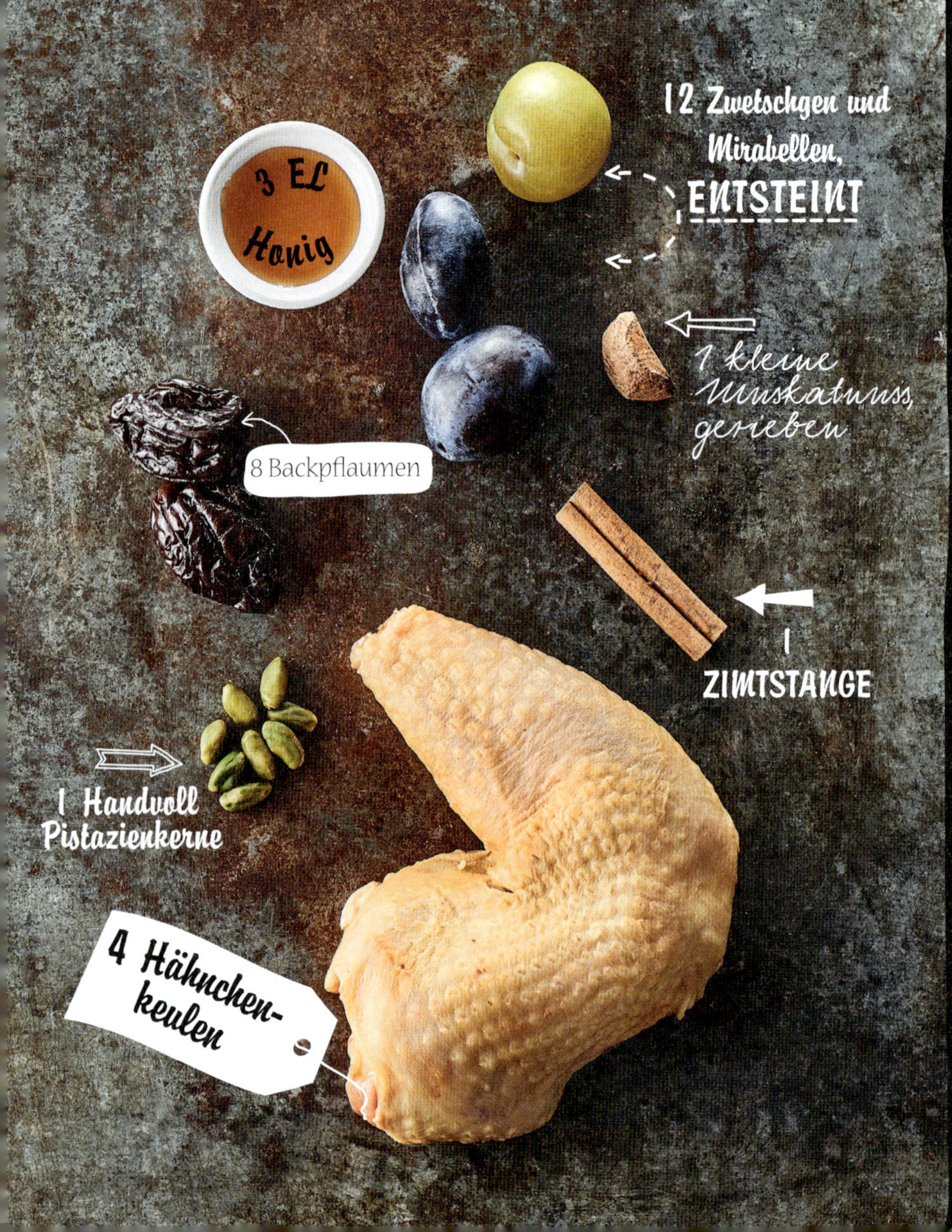

12 Zwetschgen und Mirabellen, ENTSTEINT
3 EL Honig
1 kleine Muskatnuss, gerieben
8 Backpflaumen
1 ZIMTSTANGE
1 Handvoll Pistazienkerne
4 Hähnchen-keulen

DAS REZEPT

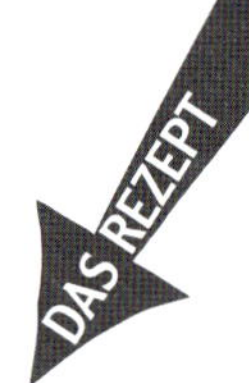

1 Zwetschgen und Mirabellen entsteinen.

2 2 EL Olivenöl in einer Tajine oder in einem Schmortopf erhitzen. Zwetschgen und Mirabellen darin rundum anbräunen. Auf einen Teller heben. Nun die Hähnchenkeulen im heißen Fett von allen Seiten anbräunen. Bis auf die Zwetschgen und Mirabellen alle Zutaten zufügen. Mit so viel Salzwasser ablöschen, dass die Zutaten bedeckt sind.

3 Mit aufgesetztem Deckel 45 Minuten bei niedriger Hitze schmoren. Zwetschgen und Mirabellen unterheben und weitere 10 Minuten garen. Mit Salz abschmecken und heiß servieren.

FÜR 4 PERSONEN

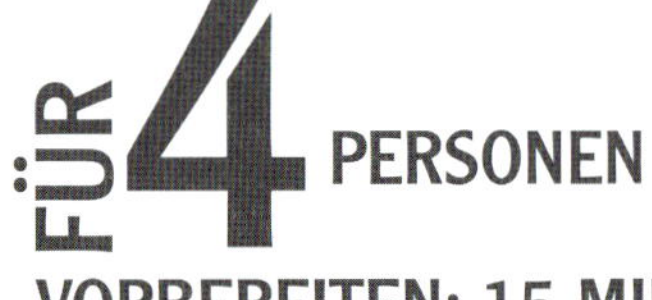

VORBEREITEN: 15 MIN.
GAREN: 65 MIN.

In der SAISON
unterschiedliche
Pflaumensorten verwenden!

HÄHNCHEN-TAJINE
mit Pilzen und Feigen

1 HÄHNCHEN

5 getrocknete Feigen

3 Stangen SELLERIE

60 g Brombeeren

400 g geputzte PILZE

4 Stängel Estragon

DAS REZEPT

1 Das Hähnchen in acht Teile zerlegen. Den Sellerie in lange Stücke schneiden. Die Feigen halbieren. Die Estragonblätter von den Stängeln zupfen und einige Blätter für die Garnierung beiseitelegen.

2 2 EL Olivenöl in einer Tajine oder in einem Schmortopf erhitzen. Sellerie und Pilze darin 10 Minuten andünsten. Auf einen Teller heben. Nun die Hähnchenstücke im heißen Fett von allen Seiten anbräunen. Feigen und gehackten Estragon zugeben. Mit so viel Salzwasser ablöschen, dass die Zutaten bedeckt sind.

3 Mit aufgesetztem Deckel 45 Minuten bei niedriger Hitze schmoren. Sellerie und Pilze sowie die Brombeeren unterheben und weitere 5 Minuten garen. Mit Salz abschmecken und mit etwas Estragon garniert servieren.

PERSONEN

VORBEREITEN: 30 MIN.
GAREN: 1 STD. 5 MIN.

Macht ordentlich
EINDRUCK!

PUTEN-TAJINE
mit Äpfeln und Sellerie

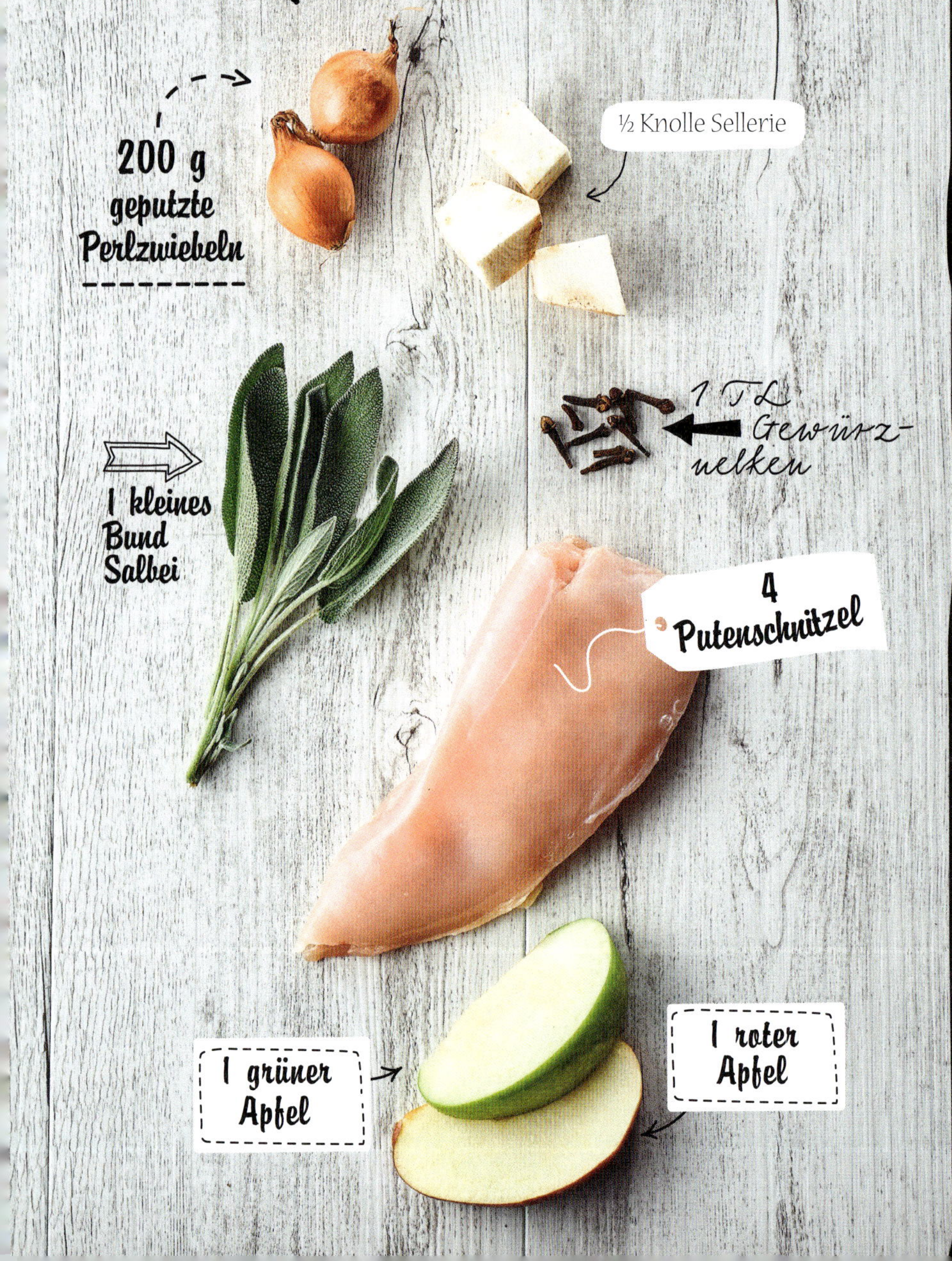

200 g geputzte Perlzwiebeln
½ Knolle Sellerie
1 TL Gewürznelken
1 kleines Bund Salbei
4 Putenschnitzel
1 grüner Apfel
1 roter Apfel

DAS REZEPT

1 Den Sellerie schälen und würfeln. Die Äpfel in Spalten schneiden und die Kerngehäuse herausschneiden.

2 2 EL Olivenöl in einer Tajine oder in einem Schmortopf erhitzen. Die Putenschnitzel darin von beiden Seiten anbräunen. Auf einen Teller heben. Nun die Apfelspalten im heißen Fett anbräunen und auf einen zweiten Teller heben.

3 Sellerie und Zwiebeln im heißen Fett anbraten. Die Putenschnitzel wieder in den Topf geben. Salbei und Gewürznelken zufügen. Mit so viel Salzwasser ablöschen, dass die Zutaten bedeckt sind.

4 Mit Deckel 30 Minuten bei mittlerer Hitze schmoren. Die Apfelspalten unterheben und weitere 10 Minuten garen.

FÜR 4 PERSONEN

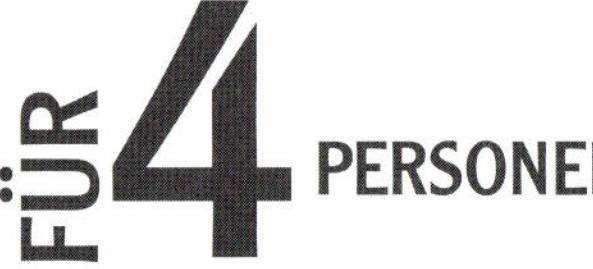

VORBEREITEN: 20 MIN.
GAREN: 50 MIN.

Aromatisch-mild

ENTEN-TAJINE
mit Steinpilzen und Feigen

1 EL chinesisches FÜNFGEWÜRZE-PULVER

500 g geputzte Steinpilze

2 GROSSE ENTENBRUSTFILETS

300 g gegarte Maronen

6 frische FEIGEN

1 EL Kalbsfond

1 Die Steinpilze längs halbieren. Die Feigen ebenfalls halbieren.

2 2 EL Olivenöl in einer Tajine oder in einem Schmortopf erhitzen. Die Steinpilze darin 5 Minuten andünsten. Auf einen Teller heben. Nun die Entenbrüste erst auf der Hautseite, dann auf der Fleischseite anbräunen. Gewürze und Maronen zufügen. Mit dem Kalbsfond und etwas Wasser ablöschen.

3 Mit aufgesetztem Deckel 20 Minuten bei mittlerer Hitze schmoren. Die Pilze unterheben und weitere 5 Minuten garen. Die Entenbrüste in Streifen schneiden. Mit Salz abschmecken und die Tajine heiß servieren.

PERSONEN

VORBEREITEN: 15 MIN.
GAREN: 35 MIN.

Mit feinen
HERBSTAROMEN

DAS REZEPT

1 Die Karotten schälen und in große Stücke schneiden. Den Ingwer in feine Scheiben schneiden. Den Koriander hacken.

2 2 EL Olivenöl in einer Tajine oder in einem Schmortopf erhitzen. Die Fischfilets darin von beiden Seiten anbraten. Auf einen Teller heben. Nun Karotten, Ingwer, Kreuzkümmel und Zitrone im heißen Fett andünsten. Mit so viel Salzwasser ablöschen, dass die Zutaten bedeckt sind.

3 Mit aufgesetztem Deckel 12 Minuten bei mittlerer Hitze schmoren. Die Fischfilets darauflegen und weitere 3 Minuten garen. Mit Salz abschmecken und mit Crème fraîche und Koriander garniert servieren.

FÜR 4 PERSONEN

VORBEREITEN: 15 MIN.
GAREN: 20 MIN.

KABELJAU-TAJINE mit Karotten und Zitrone

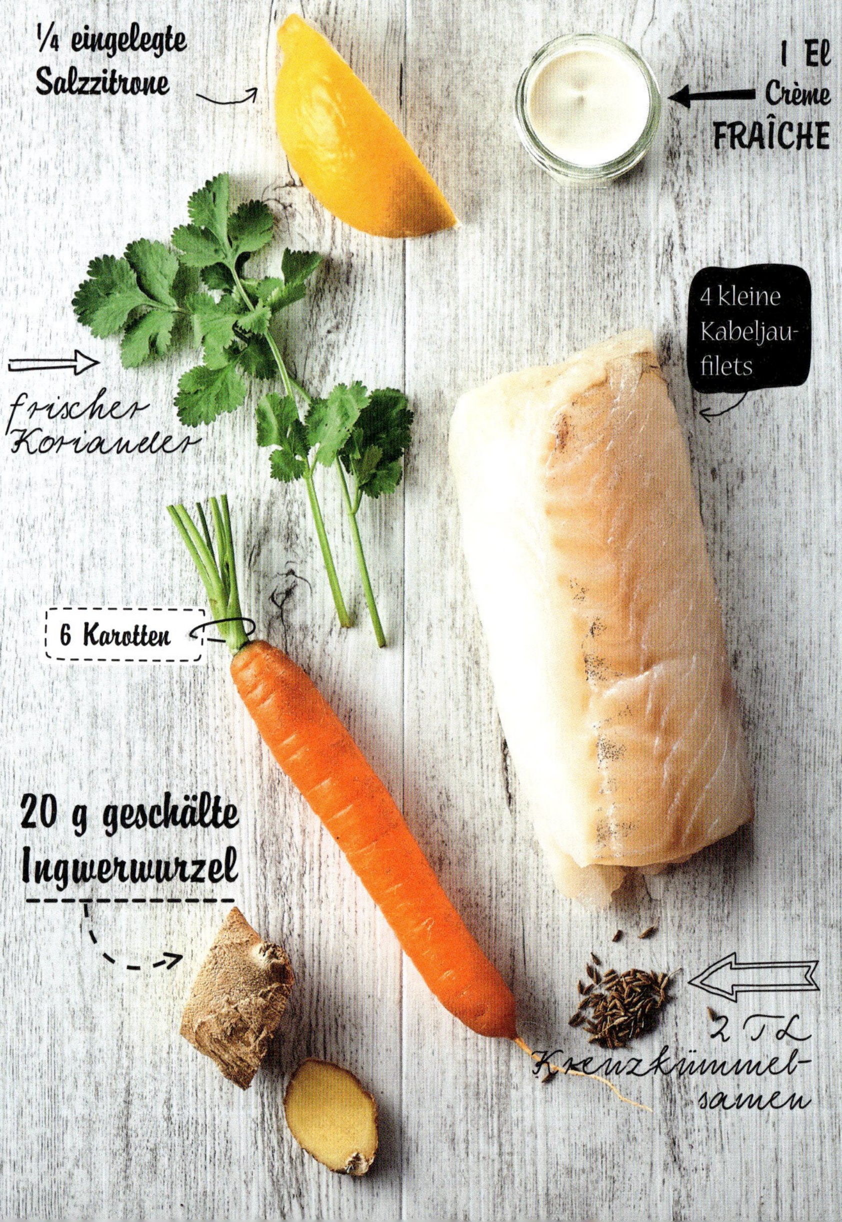

1/4 eingelegte Salzzitrone
1 El Crème FRAÎCHE
4 kleine Kabeljaufilets
frischer Koriander
6 Karotten
20 g geschälte Ingwerwurzel
2 TL Kreuzkümmelsamen

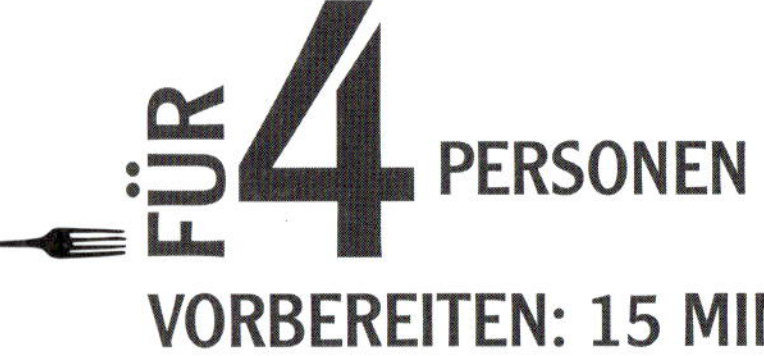

Einfach
und lecker

DORADEN-TAJINE

mit grünen Bohnen

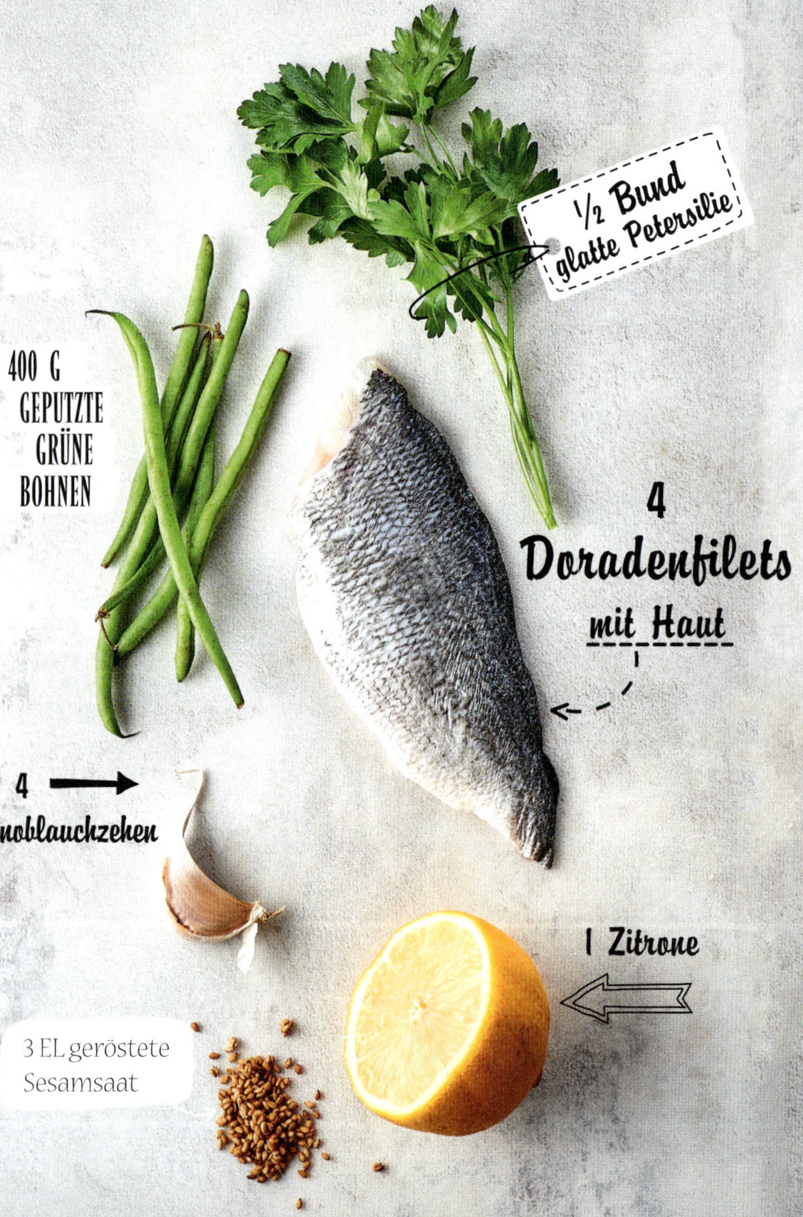
½ Bund glatte Petersilie
400 G GEPUTZTE GRÜNE BOHNEN
4 Doradenfilets mit Haut
4 Knoblauchzehen
1 Zitrone
3 EL geröstete Sesamsaat

DAS REZEPT

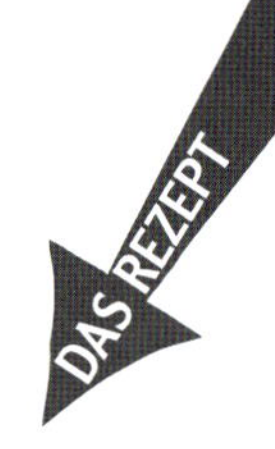

1 Den Knoblauch abziehen und hacken. Die Petersilie hacken. Die Zitrone in Spalten schneiden.

2 2 EL Olivenöl in einer Tajine oder in einem Schmortopf erhitzen. Die Doradenfilets darin erst auf der Hautseite, dann auf der anderen anbräunen. Auf einen Teller heben. Nun Bohnen, Knoblauch und die Hälfte der Petersilie im heißen Fett andünsten. Mit so viel heißem Salzwasser ablöschen, dass die Zutaten bedeckt sind.

3 Mit aufgesetztem Deckel 10 Minuten bei mittlerer Hitze köcheln lassen. Die Doradenfilets darauflegen und weitere 5 Minuten garen. Mit Salz abschmecken und mit Sesam und der restlichen Petersilie garnieren. Die Tajine mit den Zitronenspalten zum Beträufeln servieren.

FÜR 4 PERSONEN

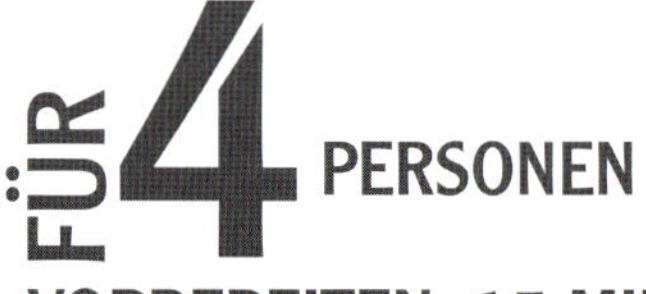

VORBEREITEN: 15 MIN.
GAREN: 25 MIN.

KNUSPRIG gebraten
schmeckt auch die HAUT!

DAS REZEPT

1 Die Steckrüben in Spalten schneiden. Die Orange in Scheiben schneiden.

2 2 EL Olivenöl in einer Tajine oder in einem Schmortopf erhitzen. Die Fischfilets darin von beiden Seiten anbraten. Auf einen Teller heben. Nun die Rüben mit dem Honig im heißen Fett karamellisieren. Mandeln, Safran, Fenchelsamen und Orangenscheiben zufügen. Mit so viel heißem Salzwasser ablöschen, dass die Zutaten bedeckt sind.

3 Mit aufgesetztem Deckel 15 Minuten bei mittlerer Hitze köcheln lassen. Die Fischfilets darauflegen und weitere 5 Minuten garen. Mit Salz abschmecken und heiß servieren.

PERSONEN

VORBEREITEN: 15 MIN.
GAREN: 30 MIN.

SEEHECHT-TAJINE
mit Rübchen und Orange

2 EL Honig

4 kleine Seehecht-filets

1 Prise Safranfäden

250 g geputzte STECKRÜBEN

½ Orange

1 TL FENCHELSAMEN

1 Handvoll blanchierte Mandeln

SATTGELBE
Rübensorten
sind optisch besonders schön.

ROTBARBEN-TAJINE

mit grünem Spargel

1 ZITRONE

3 TOMATEN

3 große Frühlingszwiebeln

8 Rotbarbenfilets mit Haut

1 Bund grüner SPARGEL

¼ eingelegte Salzzitrone

1 Die Tomaten würfeln. Den Spargel putzen und in Stücke schneiden, dabei die Spitzen ganz lassen. Die Frühlingszwiebeln hacken. Die Zitrone in Spalten schneiden.

2 2 EL Olivenöl in einer Tajine oder in einem Schmortopf erhitzen. Die Fischfilets erst auf der Hautseite, dann von der anderen Seite braten. Auf einen Teller heben. Nun die Spargelstücke im heißen Fett andünsten. Tomaten und Salzzitrone zufügen. Mit so viel heißem Salzwasser ablöschen, dass die Zutaten bedeckt sind.

3 Mit aufgesetztem Deckel 10 Minuten bei mittlerer Hitze köcheln lassen. Die Fischfilets darauflegen und weitere 3 Minuten garen. Mit Salz abschmecken, mit Frühlingszwiebeln garnieren und mit Zitronenspalten zum Beträufeln servieren.

FÜR 4 PERSONEN

VORBEREITEN: 15 MIN.
GAREN: 20 MIN.

Mit einer
Prise SAFRAN
schmeckt's noch feiner!

GRÜNE GARNELEN-TAJINE

15 ausgelöste rohe Tigergarnelen

2 Zucchini

200 g Dicke Bohnen

½ Stängel ZITRONENGRAS

100 g Kichererbsen aus der Dose (Abtropfgewicht)

2 Paprika

1 EL GRÜNE CURRYPASTE

frischer KORIANDER

1 Zucchini und Paprika würfeln. Zitronengras mit dem Fleischklopfer oder einer Pfanne am Ende des Stängels platt klopfen. Koriander hacken.

2 2 EL Olivenöl in einer Tajine oder in einem Schmortopf erhitzen. Die Garnelen darin rundum anbraten. Auf einen Teller heben. Nun Zucchini und Paprika im heißen Fett anbräunen. Zitronengras zugeben und Currypaste unterrühren. Mit so viel heißem Salzwasser ablöschen, dass die Zutaten bedeckt sind.

3 Mit aufgesetztem Deckel 10 Minuten bei niedriger Hitze köcheln lassen. Dicke Bohnen, Kichererbsen und Garnelen zufügen und weitere 5 Minuten garen. Mit Salz abschmecken. Zitronengras entfernen. Die Tajine mit gehacktem Koriander garniert servieren.

FÜR 4 PERSONEN

VORBEREITEN: 15 MIN.
GAREN: 25 MIN.

Die CURRYPASTE
nach Geschmack dosieren.

MUSCHEL-TAJINE
mit Safran

DAS REZEPT

4 Tomaten

4 kg geputzte Miesmuscheln

½ Bund glatte Petersilie

800 ml trockener Weißwein

6 Schalotten

1 Prise Safranfäden

3 Knoblauchzehen

1 Die Knoblauchzehen abziehen und zerdrücken. Die Schalotten abziehen und hacken. Die Tomaten würfeln.

2 2 EL Olivenöl in einer Tajine oder in einem Schmortopf erhitzen. Knoblauch, Schalotten und Tomaten darin andünsten. Die Muscheln mit dem Safran zufügen. Mit dem Weißwein ablöschen.

3 Mit aufgesetztem Deckel 10 Minuten bei starker Hitze unter regelmäßigem Rühren köcheln lassen. Muscheln, die sich nicht geöffnet haben, aussortieren und entsorgen. Mit Salz abschmecken und mit gehackter Petersilie garniert servieren.

VORBEREITEN: 10 MIN.
GAREN: 20 MIN.

Hier bleiben
Messer und Gabel
IN DER SCHUBLADE.

TAJINE
mit Jakobsmuscheln

2 Stangen LAUCH (weißer Teil)

1 EL Fenchel- oder Selleriesamen

20 Jakobsmuscheln

400 ml trockener Weißwein

2 KAROTTEN

1 Fenchel

1 TL grüne Kardamomkapseln

1 Den Lauch in Ringe schneiden. Die Karotten schälen und in große Stücke schneiden. Den Fenchel in Spalten schneiden. Die Kardamomkapseln zerdrücken, die Samen herauslösen, die Kapselhülle entfernen. Die Samen leicht mit dem Mörser zerstoßen.

2 2 EL Olivenöl in einer Tajine oder in einem Schmortopf erhitzen. Die Jakobsmuscheln rundum anbräunen. Auf einen Teller heben. Nun das Gemüse mit Fenchel- oder Selleriesamen und Kardamom im heißen Fett andünsten. Mit dem Weißwein ablöschen und mit so viel heißem Salzwasser auffüllen, dass die Zutaten bedeckt sind.

3 Mit aufgesetztem Deckel 10 Minuten bei mittlerer Hitze köcheln lassen. Die Jakobsmuscheln darauflegen und weitere 3 Minuten garen. Mit Salz abschmecken und heiß servieren.

FÜR 4 PERSONEN

VORBEREITEN: 15 MIN.
GAREN: 20 MIN.

EINFACH
und LECKER!

LINSEN-TAJINE
mit Blumenkohl

2 EL KURKUMA

50 g Sultaninen

½ BLUMENKOHL

200 g rote Linsen

2 Knoblauchzehen

1 ZITRONE

1 Apfel

2 EL Garam Masala

1 Den Blumenkohl in Röschen zerteilen. Den Knoblauch abziehen und hacken. Den Apfel in Spalten schneiden und das Kerngehäuse herauslösen.

2 2 EL Olivenöl in einer Tajine oder in einem Schmortopf erhitzen. Den Blumenkohl mit der Hälfte des Garam Masala darin andünsten. Herausnehmen. Nun die Linsen mit Knoblauch, Kurkuma und dem restlichen Garam Masala andünsten.

3 Die Sultaninen unterheben. Mit so viel heißem Salzwasser ablöschen, dass die Zutaten bedeckt sind (etwa das 2,5-fache Volumen der Linsen).

4 Mit Deckel 10 Minuten bei mittlerer Hitze köcheln lassen. Den Blumenkohl unterheben und weitere 8 Minuten garen. Mit Zitronensaft beträufeln und mit Apfelspalten servieren.

FÜR 4 PERSONEN

VORBEREITEN: 15 MIN.
GAREN: 25 MIN.

Mit Grüßen
AUS INDIEN!

KICHERERBSEN-TAJINE mit Zucchini

1 Die Frühlingszwiebeln in Ringe schneiden. Etwas für die Garnierung beiseitelegen. Die Knoblauchzehen andrücken. Zucchini und Paprika in Würfel schneiden. Die Kichererbsen abspülen und abtropfen lassen.

2 2 EL Olivenöl in einer Tajine oder in einem Schmortopf erhitzen. Frühlingszwiebeln und Knoblauchzehen sowie Paprika und Zucchini darin andünsten. Die Kichererbsen mit Ras el-Hanout untermischen. Mit so viel heißem Salzwasser ablöschen, dass die Zutaten bedeckt sind.

3 Mit aufgesetztem Deckel 20 Minuten bei niedriger Hitze köcheln lassen. Mit Salz abschmecken und mit Frühlingszwiebeln und gehacktem Koriander garniert servieren.

VORBEREITEN: 20 MIN.
GAREN: 30 MIN.

2 große Frühlingszwiebeln

3 rote PAPRIKA

2 ZUCCHINI

2 EL Ras el-Hanout

1 GROSSE DOSE KICHERERBSEN

3 Knoblauchzehen

frischer Koriander

SUPERSCHNELL!

LINSEN-TAJINE
mit Süßkartoffeln

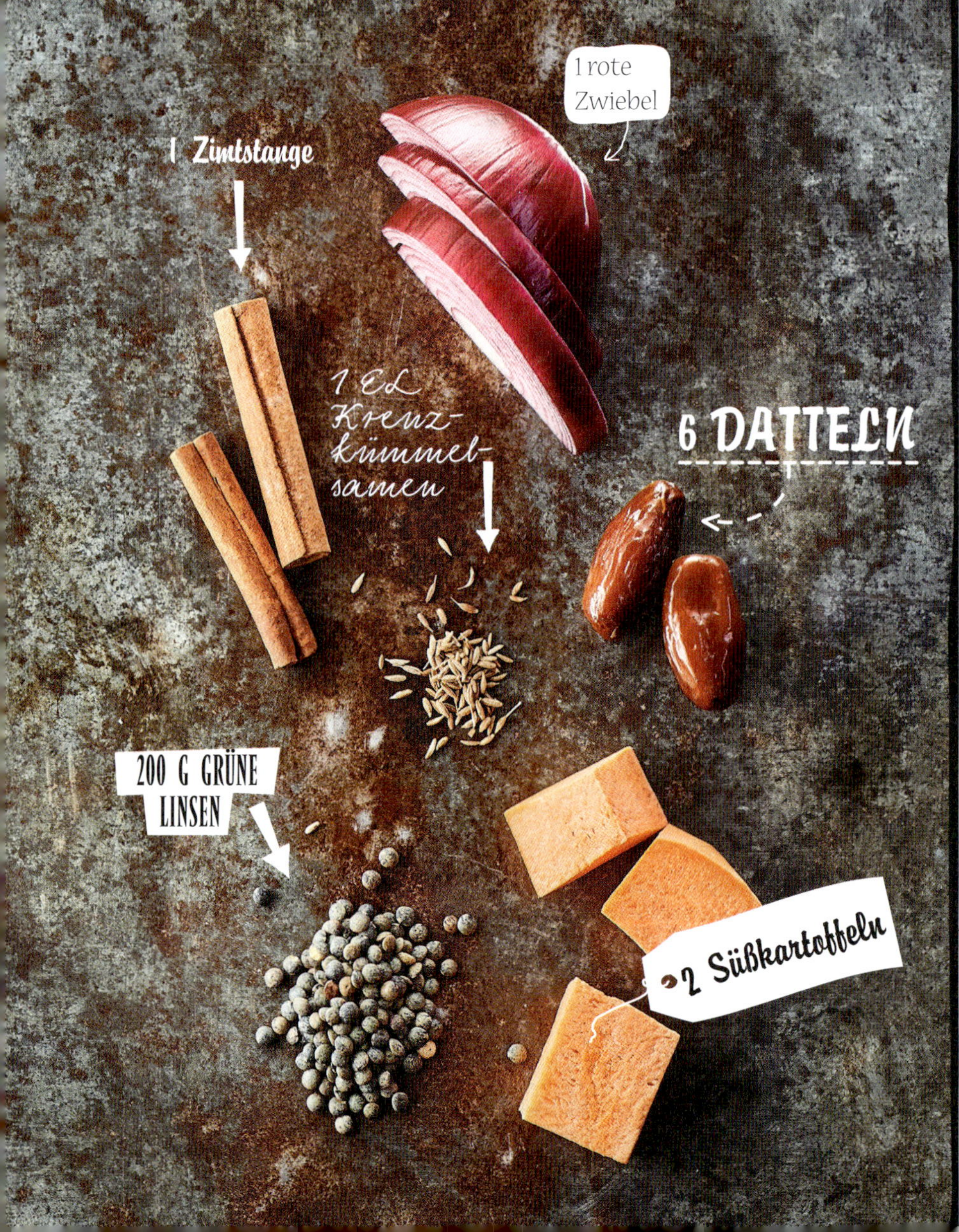
1 rote Zwiebel
1 Zimtstange
1 EL Kreuz-kümmel-samen
6 DATTELN
200 G GRÜNE LINSEN
2 Süßkartoffeln

DAS REZEPT

1 Die Süßkartoffeln schälen und in Würfel schneiden. Die Zwiebel abziehen, halbieren und in Scheiben schneiden. Die Datteln entsteinen.

2 2 EL Olivenöl in einer Tajine oder in einem Schmortopf erhitzen. Die Süßkartoffeln darin von allen Seiten anbräunen. Auf einen Teller heben. Nun die Zwiebel im heißen Fett andünsten. Linsen, Gewürze und Datteln untermischen. Mit so viel heißem Salzwasser ablöschen, dass die Zutaten bedeckt sind (etwa das 3-fache Volumen der Linsen).

3 Mit aufgesetztem Deckel 10 Minuten bei mittlerer Hitze köcheln lassen. Die Süßkartoffeln unterheben und weitere 15 Minuten garen. Mit Salz abschmecken und die Tajine heiß servieren.

FÜR 4 PERSONEN

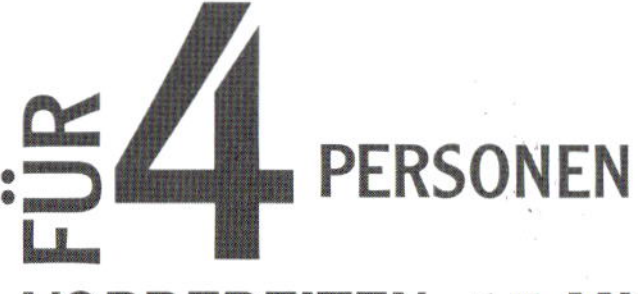

VORBEREITEN: 15 MIN.
GAREN: 30 MIN.

GANZ
unkompliziert!

BOHNEN-TAJINE

mit Spargel

1 Den Spargel putzen und in große Stücke schneiden. Knoblauch und Petersilie hacken. Die Bohnen abspülen und abtropfen lassen. Die Tomaten ebenfalls abtropfen lassen.

2 2 EL des Tomatenöls in einer Tajine oder in einem Schmortopf erhitzen. Die Bohnen mit Knoblauch und Paprikapulver andünsten. Die restlichen Zutaten bis auf die Petersilie untermischen. Mit so viel heißem Salzwasser ablöschen, dass die Zutaten bedeckt sind.

3 Mit aufgesetztem Deckel 15 Minuten bei mittlerer Hitze köcheln lassen. Mit der gehackten Petersilie garniert servieren.

PERSONEN

VORBEREITEN: 10 MIN.
GAREN: 20 MIN.

1 Bund grüner Spargel

½ BUND GLATTE PETERSILIE

1 TL geräuchertes Paprikapulver (Pimentón)

½ eingelegte Salzzitrone

3 frische Zweige Thymian

1 Glas in Öl eingelegte TOMATEN

3 Knoblauchzehen

1 große Dose weiße Bohnen

Schmeckt
nach Süden!

TAJINE aus grünem Gemüse

2 EL Schnittlauchröllchen

200 G ZUCKERSCHOTEN

200 g Dicke BOHNEN

Blätter von 1 Bund Mangold

1 EL Currypulver

½ Chinakohl

1 Bund frischer KORIANDER

1 Den Chinakohl in Streifen schneiden. Den Koriander hacken.

2 2 EL Olivenöl in einer Tajine oder in einem Schmortopf erhitzen. Mangoldblätter und Chinakohl darin 5 Minuten andünsten. Mit so viel heißem Salzwasser ablöschen, dass die Zutaten bedeckt sind. Currypulver, Dicke Bohnen und Zuckerschoten unterheben.

3 Mit aufgesetztem Deckel 15 Minuten bei mittlerer Hitze köcheln lassen. Mit Salz abschmecken und mit gehacktem Koriander und Schnittlauchröllchen garniert servieren.

VORBEREITEN: 10 MIN.
GAREN: 20 MIN.

Je nach Angebot
SPINAT statt Mangold
verwenden.

DAS REZEPT

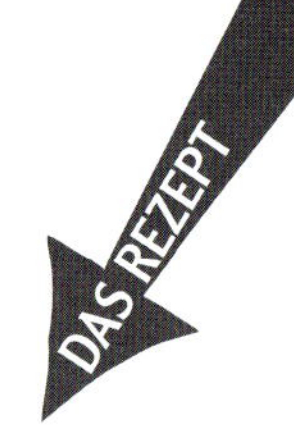

1 Die Feigen halbieren. Die Kardamomkapseln leicht zerdrücken, die Samen herausnehmen, die Kapsel entfernen. Die Samen leicht mit dem Mörser zerstoßen.

2 2 EL Olivenöl in einem Topf erhitzen. Die Feigen mit dem Honig darin anbräunen. Rosmarin und Kardamom zufügen. Mit dem Weißwein ablöschen.

3 Mit aufgesetztem Deckel 10 Minuten bei mittlerer Hitze köcheln lassen. Heiß servieren.

FÜR 4 PERSONEN

VORBEREITEN: 5 MIN.
GAREN: 15 MIN.

FEIGEN-TAJINE
mit Honig und Rosmarin

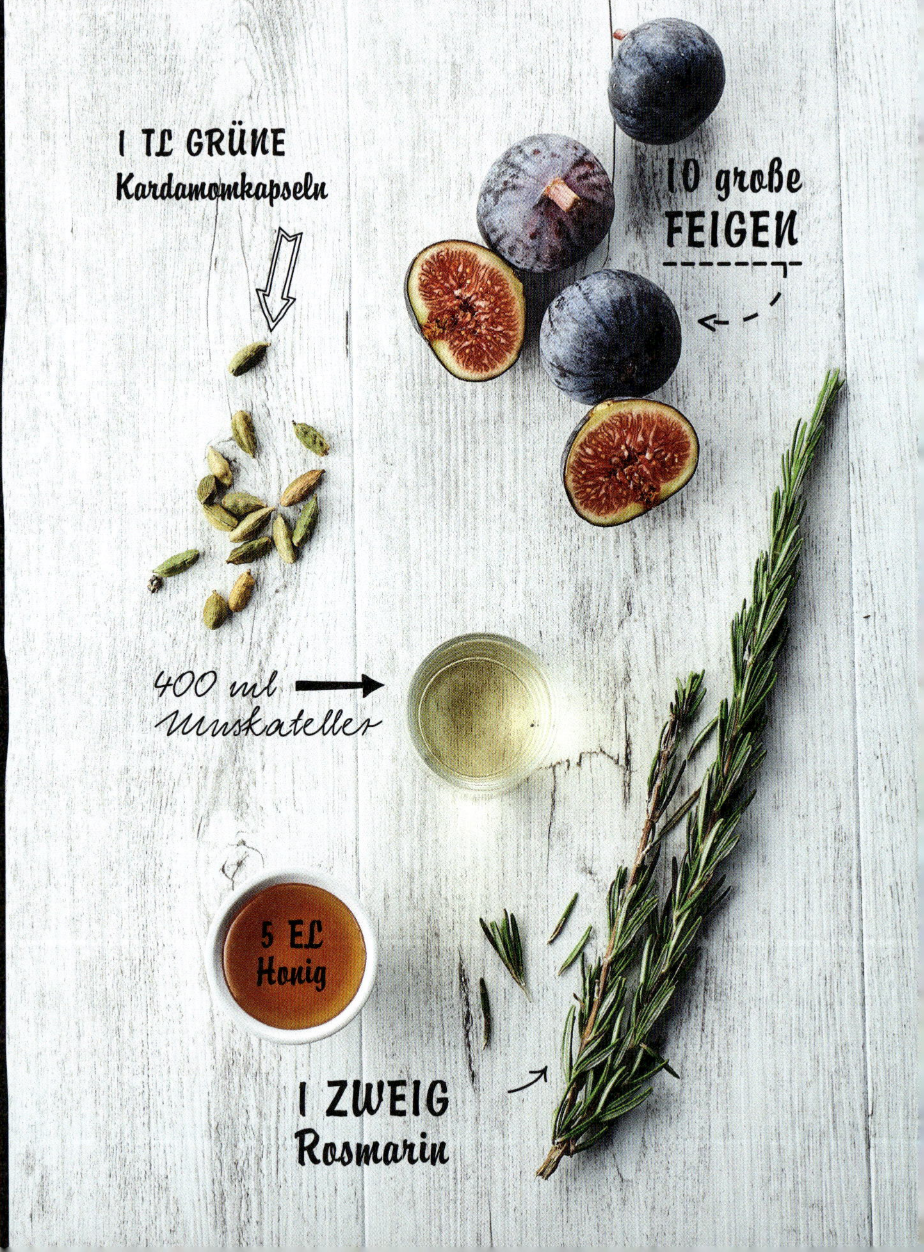
1 TL GRÜNE
Kardamomkapseln
10 große
FEIGEN
400 ml
Muskateller
5 EL
Honig
1 ZWEIG
Rosmarin

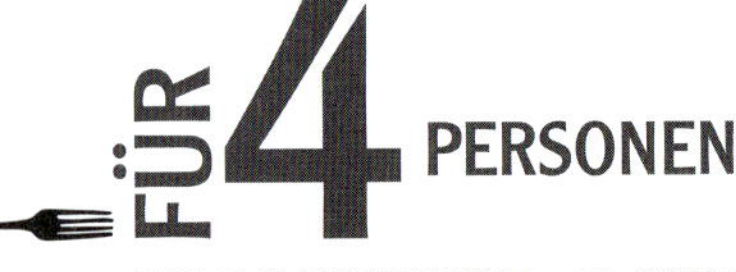

Schmeckt
NOCH BESSER mit
Pekannusskernen!

ANANAS-TAJINE mit Passionsfrucht

6 EL BRAUNER ZUCKER

2 Passionsfrüchte

250 ml brauner Rum

1 Ananas

500 ml PASSIONSFRUCHTNEKTAR

1 Vanilleschote

1 Die Ananas schälen. Den Strunk herauslösen. Das Fruchtfleisch in große Stücke schneiden. Die Passionsfrüchte (Maracuja) halbieren und das Fruchtfleisch herauslösen. Die Vanilleschote aufschlitzen und das Mark herauskratzen.

2 Den Zucker in der Tajine oder einem Topf bei mittlerer Hitze schmelzen. Mit etwas Passionsfruchtnektar verrühren. Die Ananasstücke zufügen und im Karamell wenden.

3 Den Rum zugießen und flambieren. Den restlichen Passionsfruchtnektar zugießen. Vanilleschote und -mark sowie das Passionsfruchtfleisch zugeben.

4 Mit aufgesetztem Deckel 25 Minuten bei mittlerer Hitze köcheln lassen. Heiß servieren.

FÜR 4 PERSONEN

VORBEREITEN: 15 MIN.
GAREN: 35 MIN.

Bald einer
Ihrer KLASSIKER!

DAS REZEPT

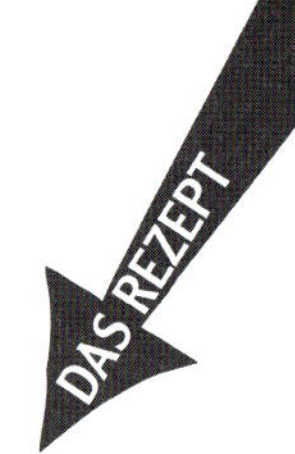

1 Olivenöl in einer Tajine oder in einem Schmortopf erhitzen. Den Couscous mit Zucker und Orangenzesten darin andünsten. Die Trockenfrüchte untermischen. Nach und nach den Orangensaft unterrühren.

2 Den Topf vom Herd nehmen und den Couscous bei aufgesetztem Deckel 20 Minuten quellen lassen. Vor dem Servieren mit einer Gabel auflockern.

FÜR **4** PERSONEN

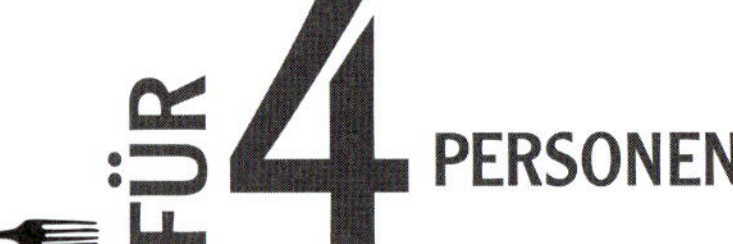

VORBEREITEN: 5 MIN.
GAREN: 5 MIN.
RUHEN: 20 MIN.

SÜSSER COUSCOUS
mit Trockenfrüchten

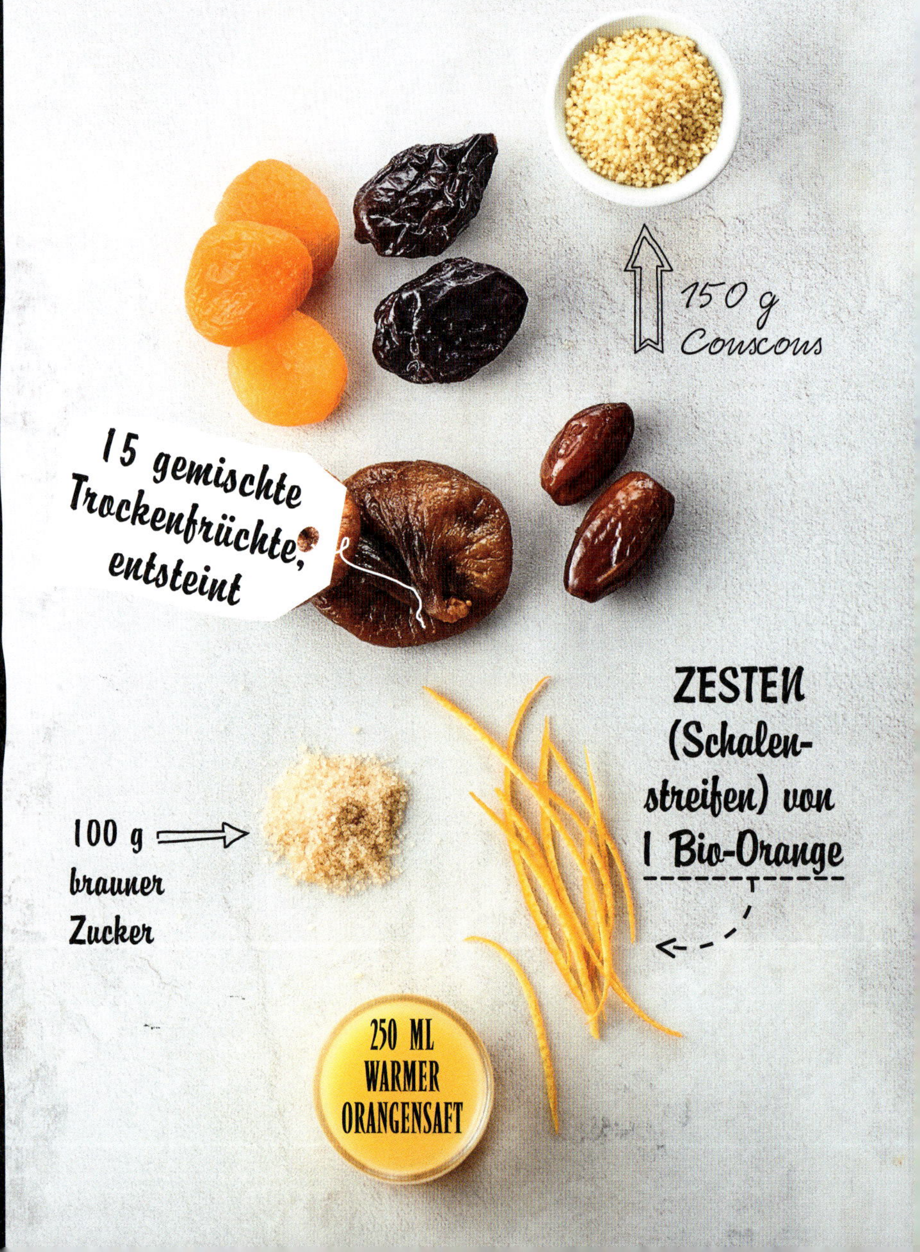
150 g Couscous
15 gemischte Trockenfrüchte, entsteint
ZESTEN (Schalenstreifen) von 1 Bio-Orange
100 g brauner Zucker
250 ML WARMER ORANGENSAFT

Verwenden Sie
ENTSTEINTE Trockenfrüchte.

LAMM-TAJINE
mit Gemüse und Mandeln

ZUTATEN

800 g Lammfleisch, z. B. Schulter
2 Auberginen
Salz
2 rote Zwiebeln
2 EL Olivenöl
1 TL frisch geriebener Ingwer
½ TL gemahlene Kurkuma
½ TL gemahlener Kreuzkümmel
1 Prise Zimtpulver
200 ml Fleischbrühe
250 g stückige Tomaten aus der Dose
150 g Backpflaumen, entsteint
60 g Mandelkerne
1–2 TL Zitronensaft
Pfeffer, aus der Mühle

VORBEREITEN: 25 MIN.
GAREN: 1 STD. 10 MIN.

1 Das Fleisch waschen, trocken tupfen und würfeln. Die Auberginen in Scheiben schneiden, salzen und 10 Minuten Wasser ziehen lassen. Anschließend trocken tupfen. Die Zwiebeln abziehen, halbieren und in Streifen schneiden.

2 Das Öl in einer Tajine oder einem Schmortopf erhitzen. Das Fleisch darin rundum anbräunen. Zwiebeln, Ingwer, Kurkuma, Kreuzkümmel und Zimt untermengen und mit der Brühe ablöschen. Die Tomaten zufügen, salzen und zugedeckt 45 Minuten leise schmoren lassen. Nach Bedarf noch ein wenig Brühe zugeben.

3 Auberginen und Pflaumen unterrühren und alles weitere 15 Minuten schmoren lassen. Die Mandeln rösten und mit in die Tajine geben. Mit Zitronensaft, Pfeffer und Salz abschmecken und servieren.

Foto: siehe Umschlag vorne

MEINE KLEINE Einkaufsliste

S. 8

Rindfleisch-Tajine mit Gemüse

700g Rindergulasch
10 mittelgroße Kartoffeln
5 Karotten
2 Zwiebeln
750 ml dunkles Bier
1 Zweig Thymian
1 Lorbeerblatt

S. 10

Rindfleisch-Tajine mit Kürbis und Honigkuchen

700 g Rindergulasch
½ Hokkaidokürbis
4 Scheiben Honigkuchen
750 ml helles Bier
200 g Schalotten
1 TL Gewürznelken

S. 12

Rindfleisch-Tajine arabisch

700 g Rindergulasch
2 Chilischoten
1 Aubergine
2 Zwiebeln
3 Zucchini
20 g Ingwerwurzel
30 g Mandeln
1 EL Ras el-Hanout

S. 14

Rindfleisch-Tajine mit Pastinake

700 g Rindergulasch
4 Pastinaken
200 g ausgelöste Erbsen
30 g Walnusskerne
1 Muskatnuss
400 ml Weißwein
1 EL Kalbsfond

S. 16

Fleischbällchen-Tajine in Tomatensauce

700 g Rinderhackfleisch
125 g Ricotta
100 g altbackenes Brot
500 ml passierte Tomaten
½ Bund Basilikum

S. 18

Kalbfleisch-Tajine mit Birnen und Trauben

700 g Kalbsgulasch
4 Birnen
50 g weiße und blaue Trauben
2 große Zwiebeln
50 g Butter
500 ml Apfelsaft
1 EL Viergewürz

S. 20

Kalbfleisch-Tajine mit Frühlingsgemüse

700 g Kalbsgulasch
400 g kleine neue Kartoffeln
5 junge Karotten
200 g Zuckerschoten
6 Frühlingszwiebeln
400 ml Weißwein
½ Bund Schnittlauch

S. 22

Kalbfleisch-Tajine mit Quitten

700 g Kalbsgulasch
4 Quitten
2 große Zwiebeln
40 g Pistazienkernen
40 g Pinienkerne
40 g Mandeln
250 ml Muskateller
2 EL Honig

S. 24

Lamm-Tajine mit Aprikosen

700 g Lammschulter
250 g Perlzwiebeln
100 g getrocknete Aprikosen
50 g blanchierte Mandeln
2 TL Koriandersamen
1 EL gemahlener Kreuzkümmel
1 Zimtstange
2 EL Honig

S. 26

Lamm-Tajine mit Erbsen und Minze

700 g Lammschulter
350 g ausgelöste Erbsen
7 Stängel Minze
2 Knoblauchzehen
20 g Ingwerwurzel
3 Zweige Thymian

S. 28

Fleischbällchen-Tajine mit weißen Bohnen

600 g Merguez-Mett
300 g weiße Bohnen aus der Dose (Abtropfgewicht)
3 Frühlingszwiebeln

3 rote Paprika
3 Knoblauchzehen
1 Zweig Thymian

S. 30

Hähnchen-Tajine mit Oliven

4 ganze Hähnchenkeulen
80 g violette Oliven
80 g grüne Oliven
50 g Pinienkerne
3 Knoblauchzehen
1 Stängel glatte Petersilie
2 EL Ras el-Hanout

S. 32

Hähnchen-Tajine mit Kürbis und Granatapfel

4 ganze Hähnchenkeulen
1 kleiner Butternusskürbis
1 Granatapfel
½ Bund Koriander
1 Zimtstange
3 EL Kreuzkümmelsamen
3 EL Honig

S. 34

Hähnchen-Tajine mit Pflaumen

4 ganze Hähnchenkeulen
12 Zwetschgen und Mirabellen
8 Backpflaumen
1 Handvoll Pistazienkerne

1 Muskatnuss
1 Zimtstange
3 EL Honig

S. 36

Hähnchen-Tajine mit Pilzen und Feigen

1 Hähnchen
400 g Pilze
3 Stangen Sellerie
4 Stängel Estragon
5 getrocknete Feigen
60 g Brombeeren

S. 38

Puten-Tajine mit Äpfeln und Sellerie

4 Putenschnitzel
1 grüner Apfel
1 roter Apfel
½ Knolle Sellerie
200 g Perlzwiebeln
1 kleines Bund Salbei
1 TL Gewürznelken

S. 40

Enten-Tajine mit Steinpilzen und Feigen

2 Entenbrustfilets
500 g Steinpilze
300 g gegarte Maronen
6 frische Feigen
1 EL chinesisches Fünfgewürzepulver

1 EL Kalbsfond

S. 42

Kabeljau-Tajine mit Karotten und Zitrone

4 kleine Kabeljaufilets
6 Karotten
¼ eingelegte Salzzitrone
1 EL Crème fraîche
20 g Ingwerwurzel
2 TL Kreuzkümmelsamen
frischer Koriander

S. 44

Doraden-Tajine mit grünen Bohnen

4 Doradenfilets
400 g grüne Bohnen
½ Bund glatte Petersilie
4 Knoblauchzehen
1 Zitrone
3 EL geröstete Sesamsaat

S. 46

Seehecht-Tajine mit Rübchen und Orange

4 kleine Seehechtfilets
250 g Steckrüben
1 Handvoll blanchierte Mandeln
½ Orange
1 Prise Safranfäden
1 TL Fenchelsamen
2 EL Honig

S. 48

Rotbarben-Tajine mit grünem Spargel

8 Rotbarbenfilets
1 Bund grüner Spargel
3 große Frühlingszwiebeln
3 Tomaten
1 Zitrone
¼ eingelegte Salzzitrone

S. 50

Grüne Garnelen-Tajine

15 ausgelöste Tigergarnelen
200 g Dicke Bohnen
2 Zucchini
2 Paprika
100 g Kichererbsen aus der Dose (Abtropfgewicht)
½ Stängel Zitronengras
1 EL grüne Currypaste
frischer Koriander

S. 52

Muschel-Tajine mit Safran

4 kg Miesmuscheln
4 Tomaten
½ Bund glatte Petersilie
800 ml trockener Weißwein
6 Schalotten
3 Knoblauchzehen
1 Prise Safranfäden

S. 54

Tajine mit Jakobsmuscheln

20 Jakobsmuscheln
1 Fenchel
2 Stangen Lauch
2 Karotten
1 TL grüne Kardamomkapseln
1 EL Selleriesamen
400 ml trockener Weißwein

S. 56

Linsen-Tajine mit Blumenkohl

200 g rote Linsen
½ Blumenkohl
50 g Sultaninen
2 Knoblauchzehen
1 Zitrone
1 Apfel
2 EL Kurkuma
2 EL Garam Masala

S. 58

Kichererbsen-Tajine mit Zucchini

1 große Dose Kichererbsen
3 rote Paprika
2 große Frühlingszwiebeln
3 Knoblauchzehen
2 EL Ras el-Hanout
frischer Koriander

S. 60

Linsen-Tajine mit Süsskartoffeln

200 g grüne Linsen
2 Süßkartoffeln
1 rote Zwiebel
6 Datteln
1 Zimtstange
1 EL Kreuzkümmelsamen

S. 62

Bohnen-Tajine mit Spargel

1 große Dose weiße Bohnen
1 Bund grüner Spargel
1 Glas in Öl eingelegte Tomaten
3 Knoblauchzehen
1/2 Bund gatte Petersilie
3 Zweige Thymian
½ eingelegte Salzzitrone
1 TL geräuchertes Paprikapulver (Pimentón)

S. 64

Tajine aus grünem Gemüse

200 g Zuckerschoten
1 Bund Mangold
200 g dicke Bohnen
½ Chinakohl
1 Bund frischer Koriander
½ Bund Schnittlauch
1 EL Currypulver

S. 66

Feigen-Tajine mit Honig und Rosmarin

10 große Feigen
1 Zweig Rosmarin
5 EL Honig
400 ml Muskateller
1 TL grüne Kardamomkapseln

S. 68

Ananas-Tajine mit Passionsfrucht

1 Ananas
2 Passionsfrüchte (Maracuja)
500 ml Passionsfruchtnektar
1 Vanilleschote
6 EL brauner Zucker
250 ml brauner Rum

S. 70

Süßer Couscous mit Trockenfrüchten

150 g Couscous
15 gemischte Trockenfrüchte
100 g brauner Zucker
250 ml Orangensaft
1 Bio-Orange

S. 72

Lamm-Tajine mit Gemüse und Mandeln

800 g Lammfleisch
2 Auberginen
2 rote Zwiebeln
200 ml Fleischbrühe
250 g stückige Tomaten aus der Dose
60 g Mandelkerne
1-2 TL Zitronensaft
1 TL geriebene Ingwerwurzel
½ TL gemahlener Kurkuma
½ TL gemahlener Kreuzkümmel
1 Prise Zimtpulver

– Grammangaben beziehen sich auf geputzte Ware

– zu allen Gerichten benötigen Sie noch Olivenöl und Salz

Alphabetisches Rezeptverzeichnis

ISBN 978-3-8094-4180-9

5. Auflage 2024

Originaltitel: Tajines Magiques!

Für die deutsche Ausgabe
Umschlaggestaltung: Atelier Versen, Bad Aibling
Herstellung: Elke Cramer
Projektleitung: Anja Halveland

Für die französische Originalausgabe
Direction de la publication: Isabelle Jeuge-Maynart und Ghislaine Stora
Direction éditorale: Emile Franc
Édition: Marion Dellapina
Conception graphique: Émilie Laudrin
Couverture: Eliott Joussain
Mise en page: Alice Delbarre
Fabrication: Donia Faiz

Realisierung der deutschen Ausgabe: trans texas publishing services GmbH, Köln
Übersetzung: Lisa Heilig, Köln

Satz: trans texas publishing Services GmbH, Köln
Druck & Verarbeitung: Mohn Media Mohndruck GmbH, Gütersloh

Printed in Germany

Penguin Random House Verlagsgruppe FSC® N 001967

Leicht, lecker und gesund

80 Seiten, durchgehend vierfarbig bebildert
ISBN 978-3-8094-4488-6

31 Rezepte, die einfach und schnell zubereitet sind, dabei wunderbar aromatisch schmecken. Mit Zutaten, die fast jeder zu Hause hat. Entdecken Sie, wie Sie in wenigen Minuten Gerichte aus der ganzen Welt zubereiten können: Erhitzen Sie den Wok, braten Sie die Zutaten und gönnen Sie sich den Genuss.

www.bassermann-verlag.de